ALLER PLUS LENTEMENT

Cahier D'Activités 3-5 Ans | Tome.1 | Comment Dessiner

Publié par Speedy Publishing Canada Limited

ActivityCrusades
activity books

COMMENT DESSINER

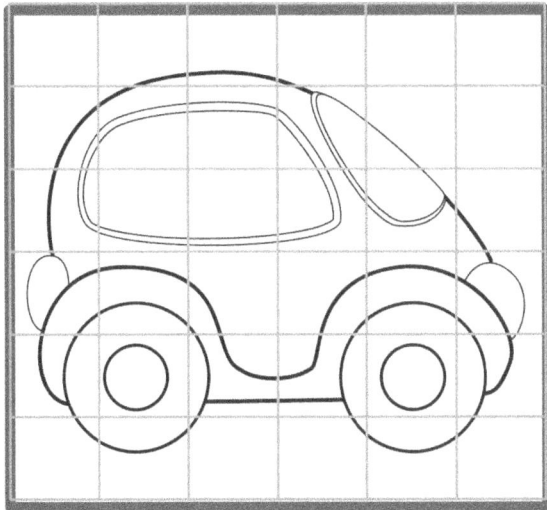

DESSINONS!

Dessinez l'image avec les lignes comme guide puis coloriez-la!

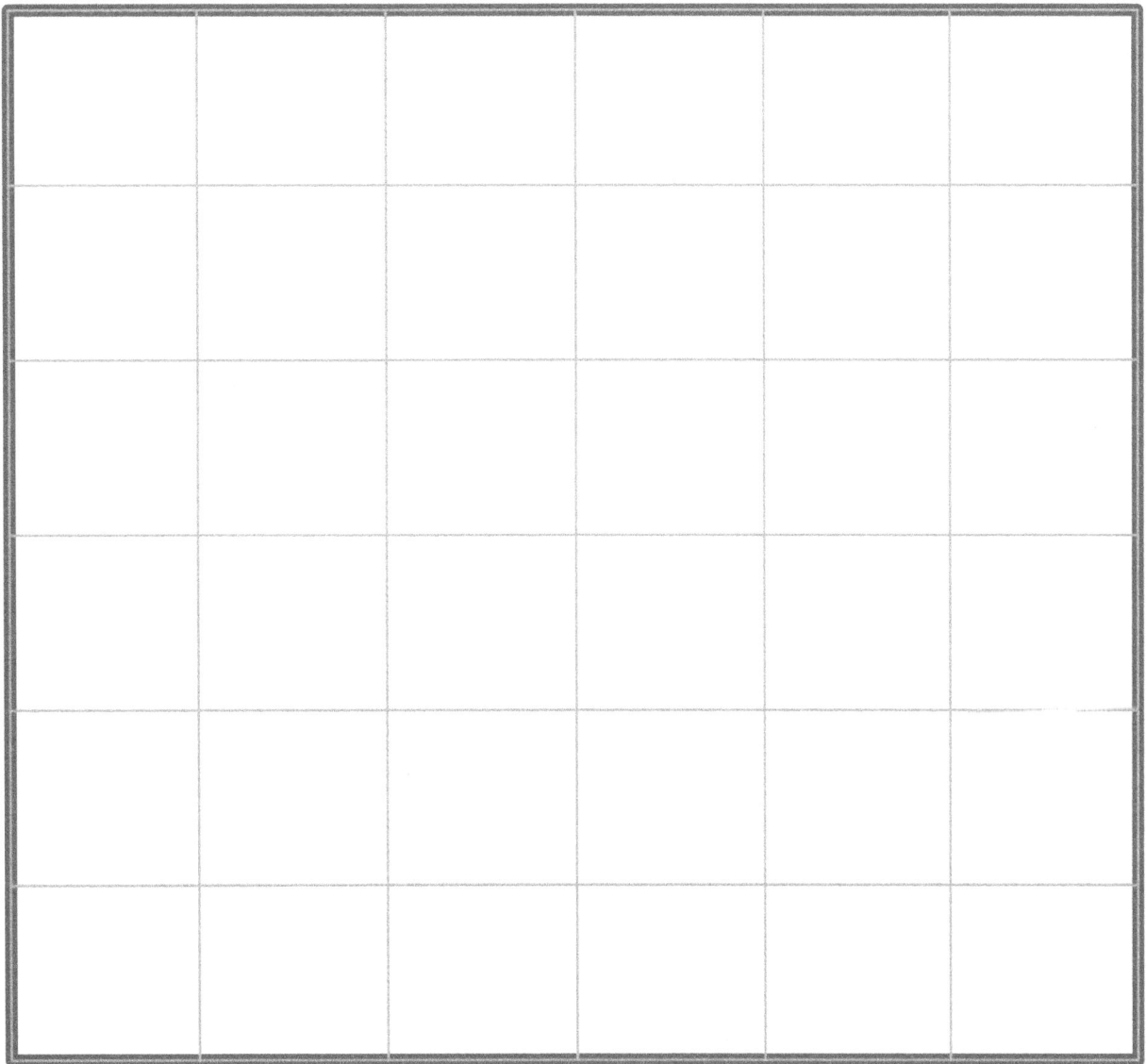

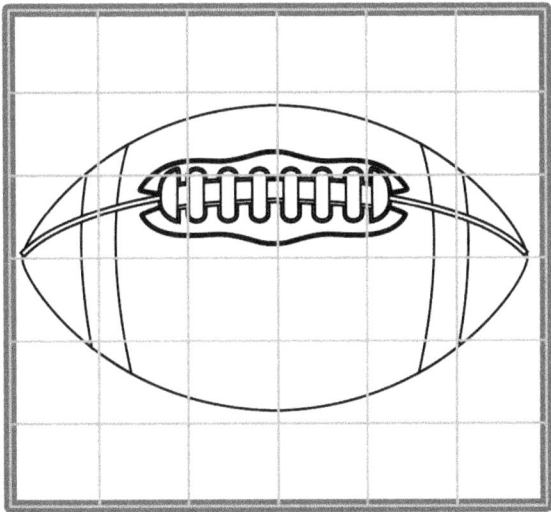

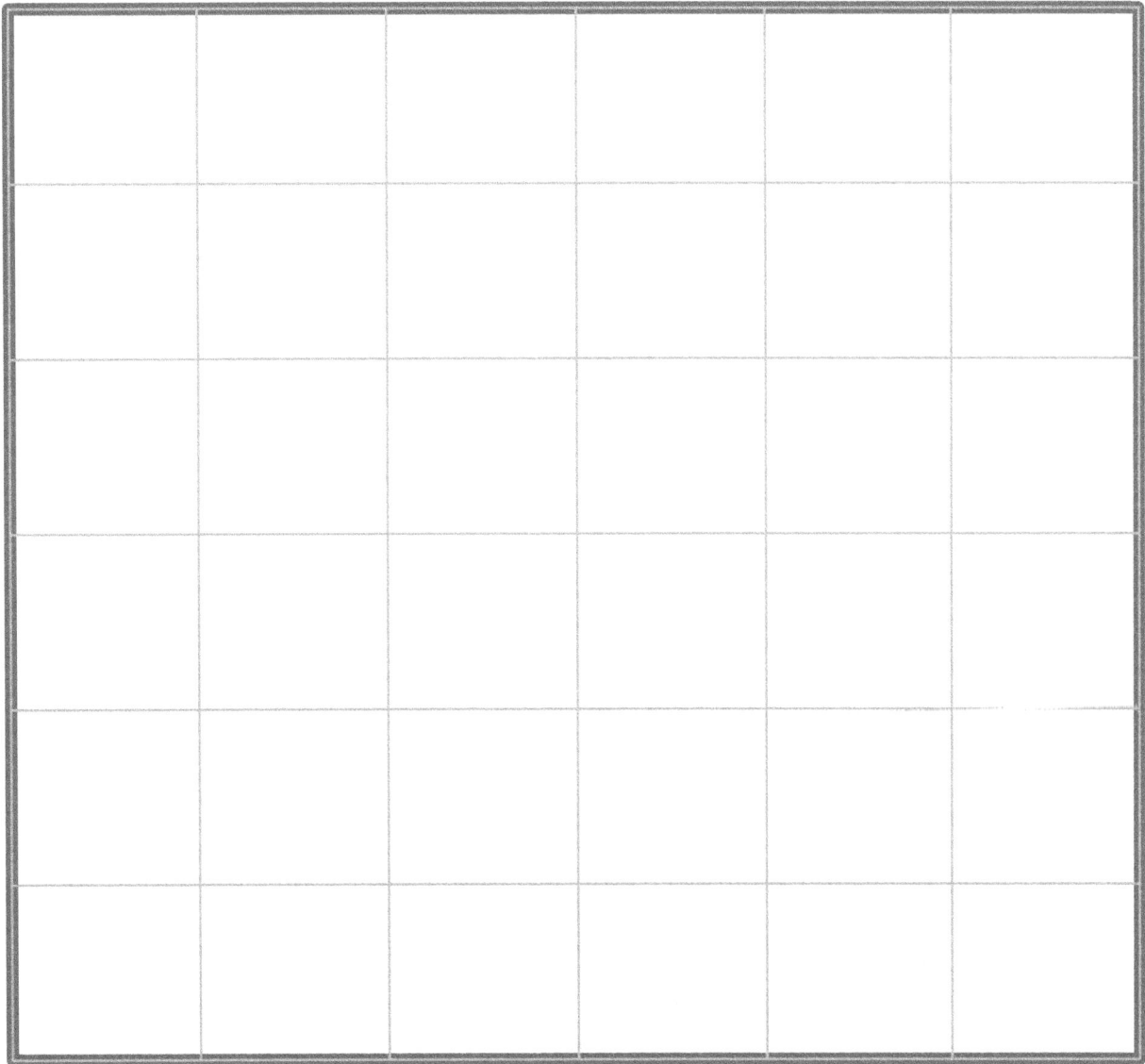

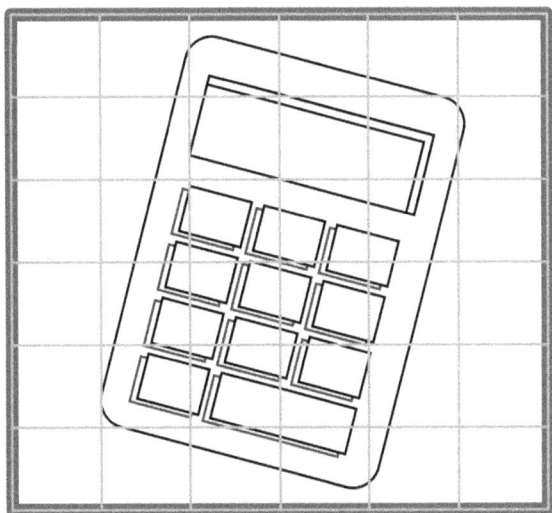

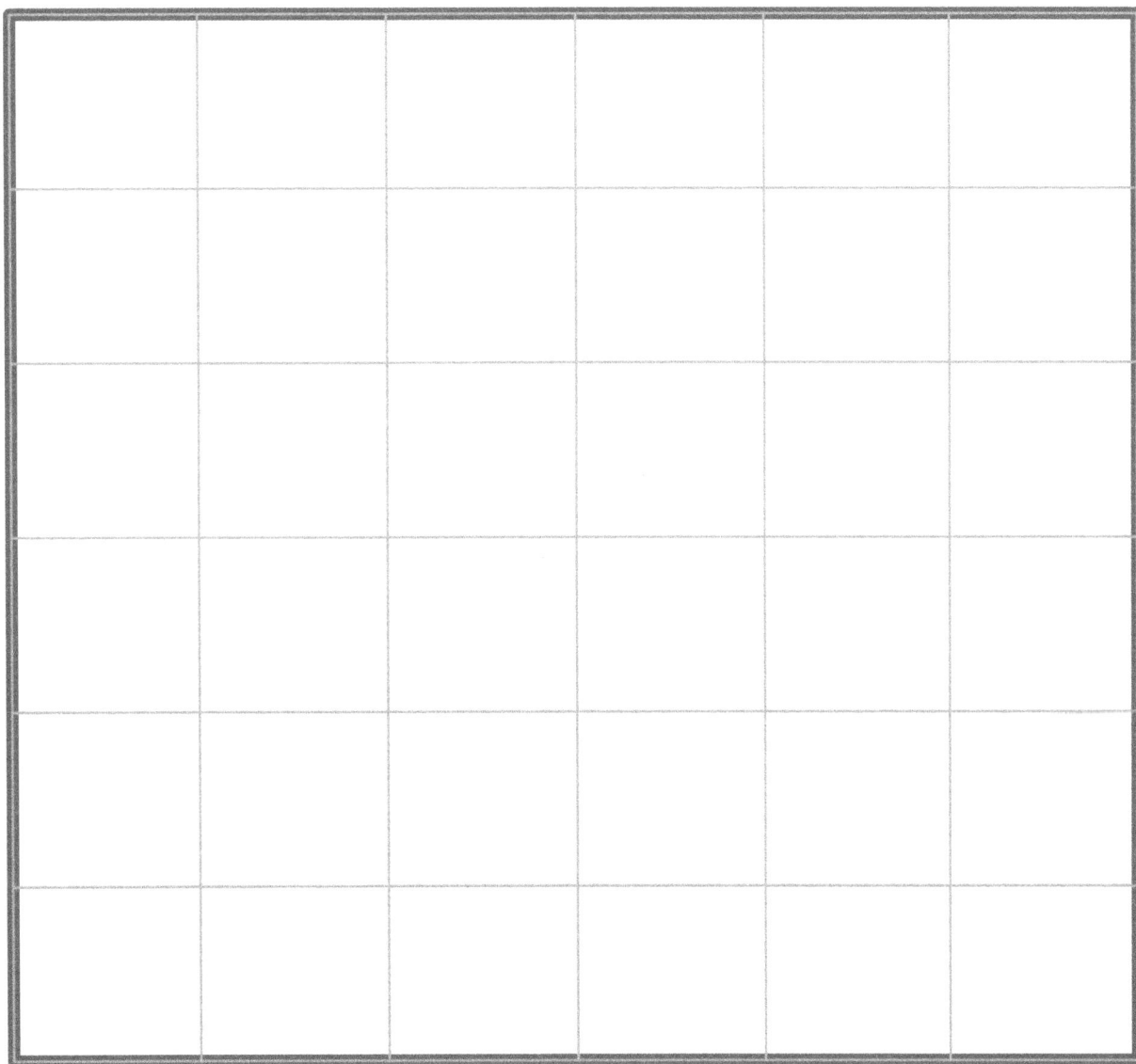

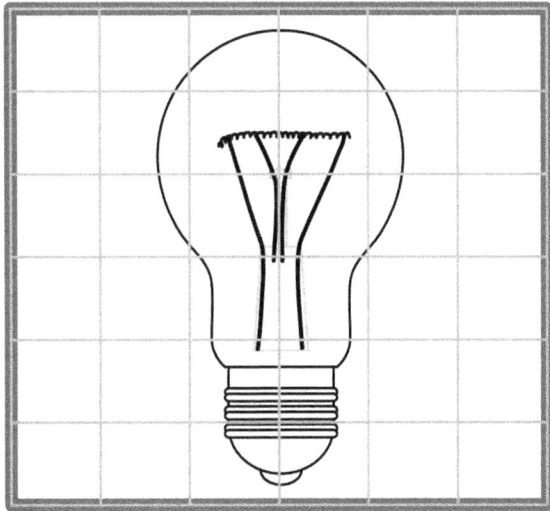

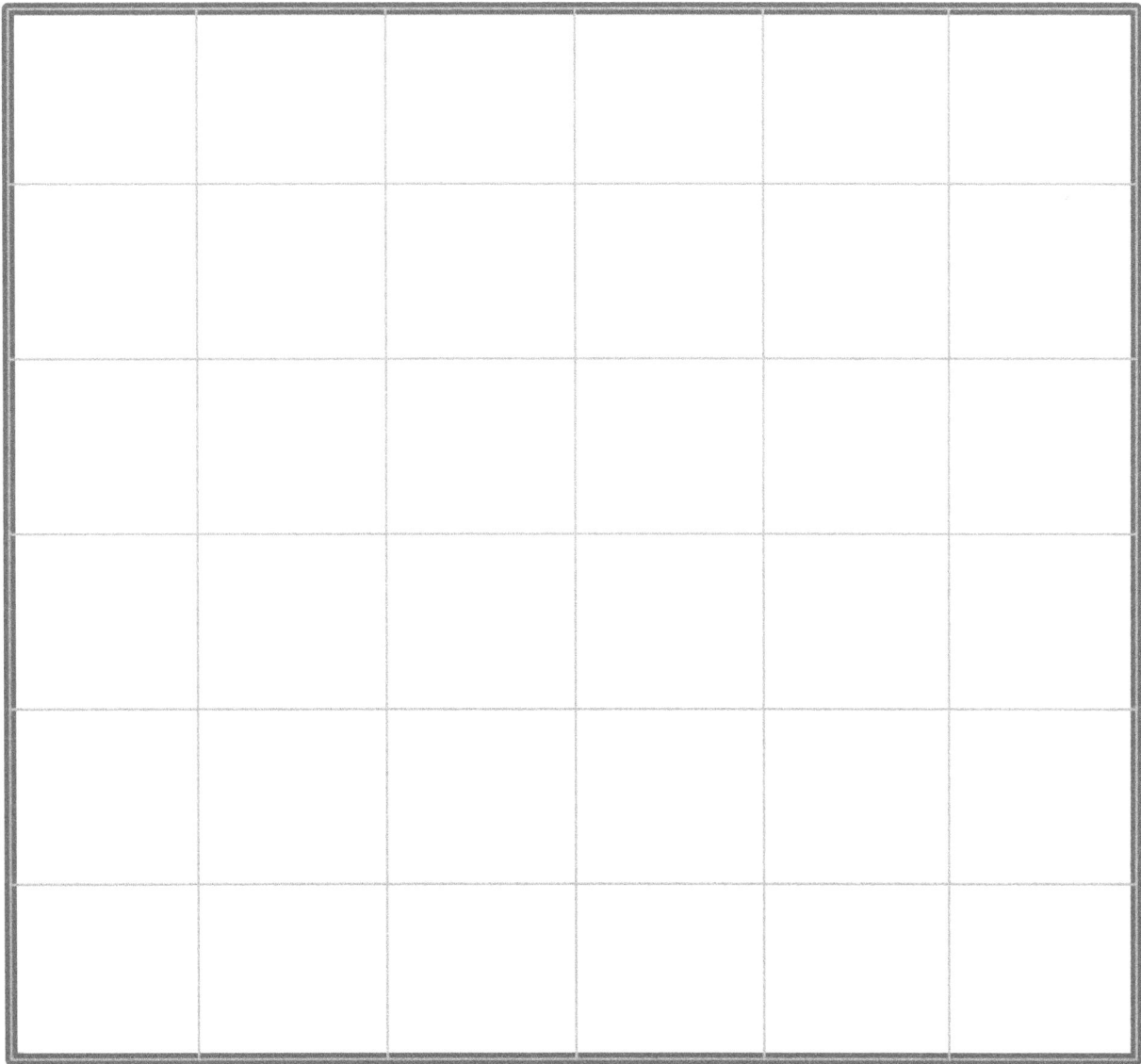

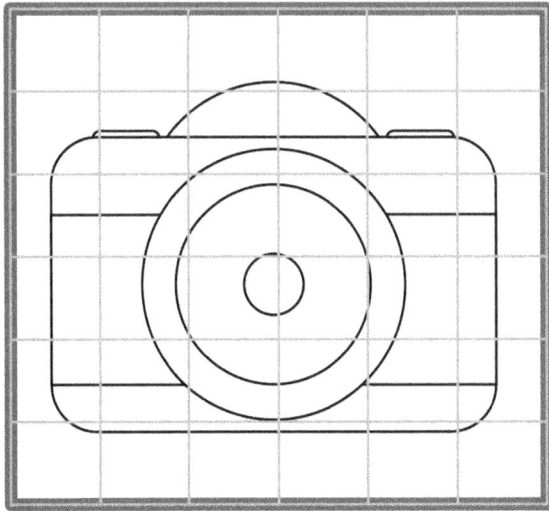

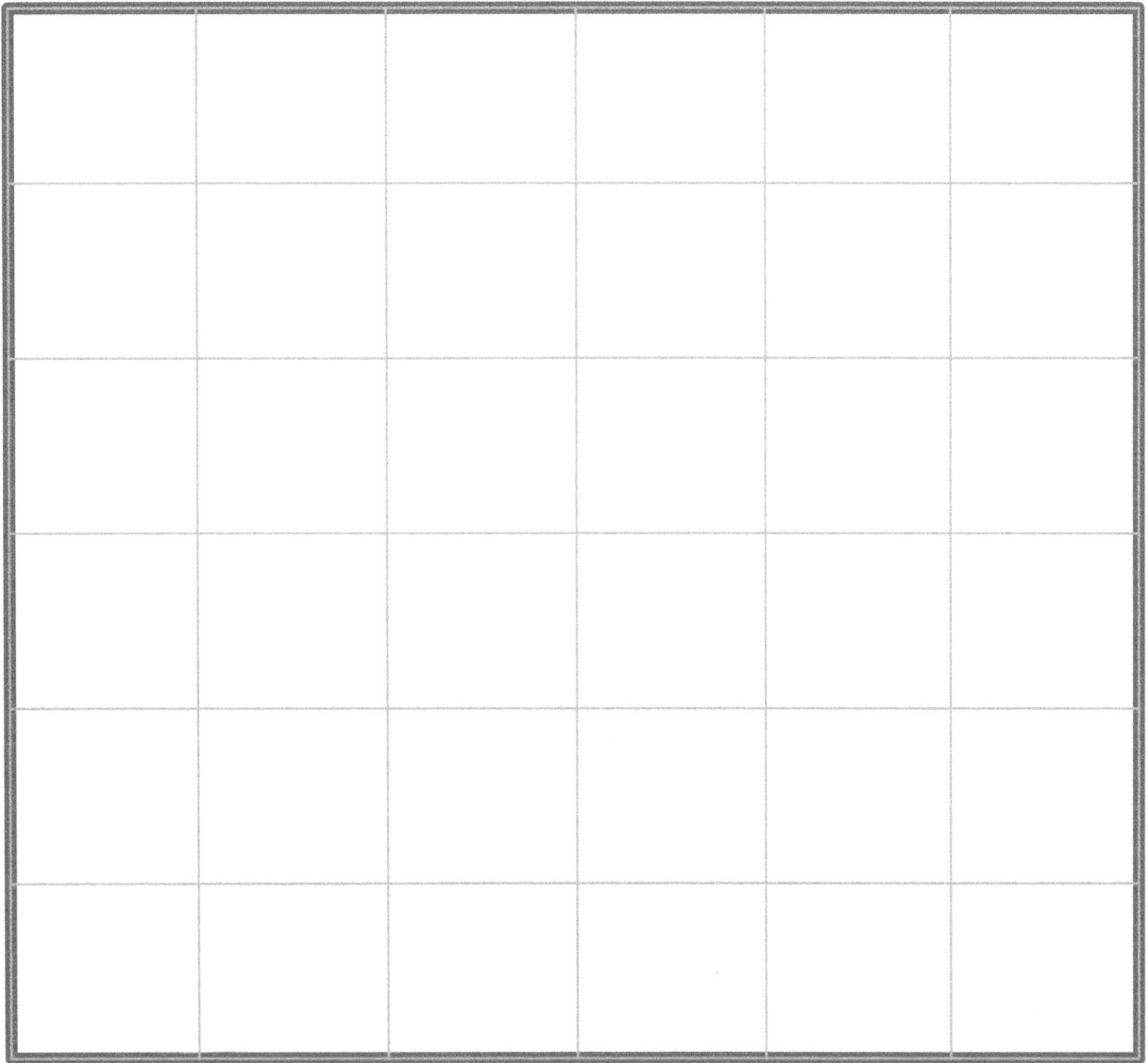

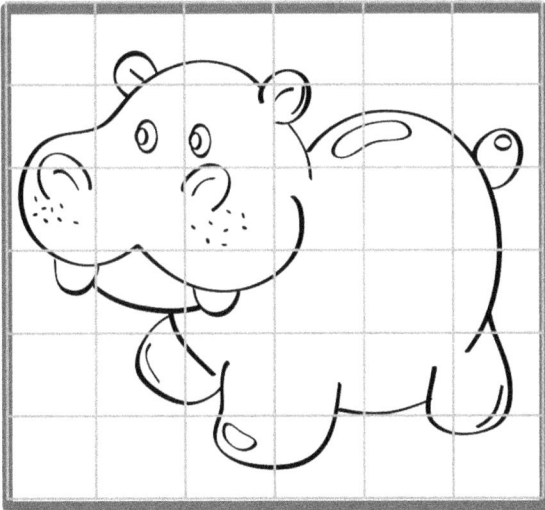

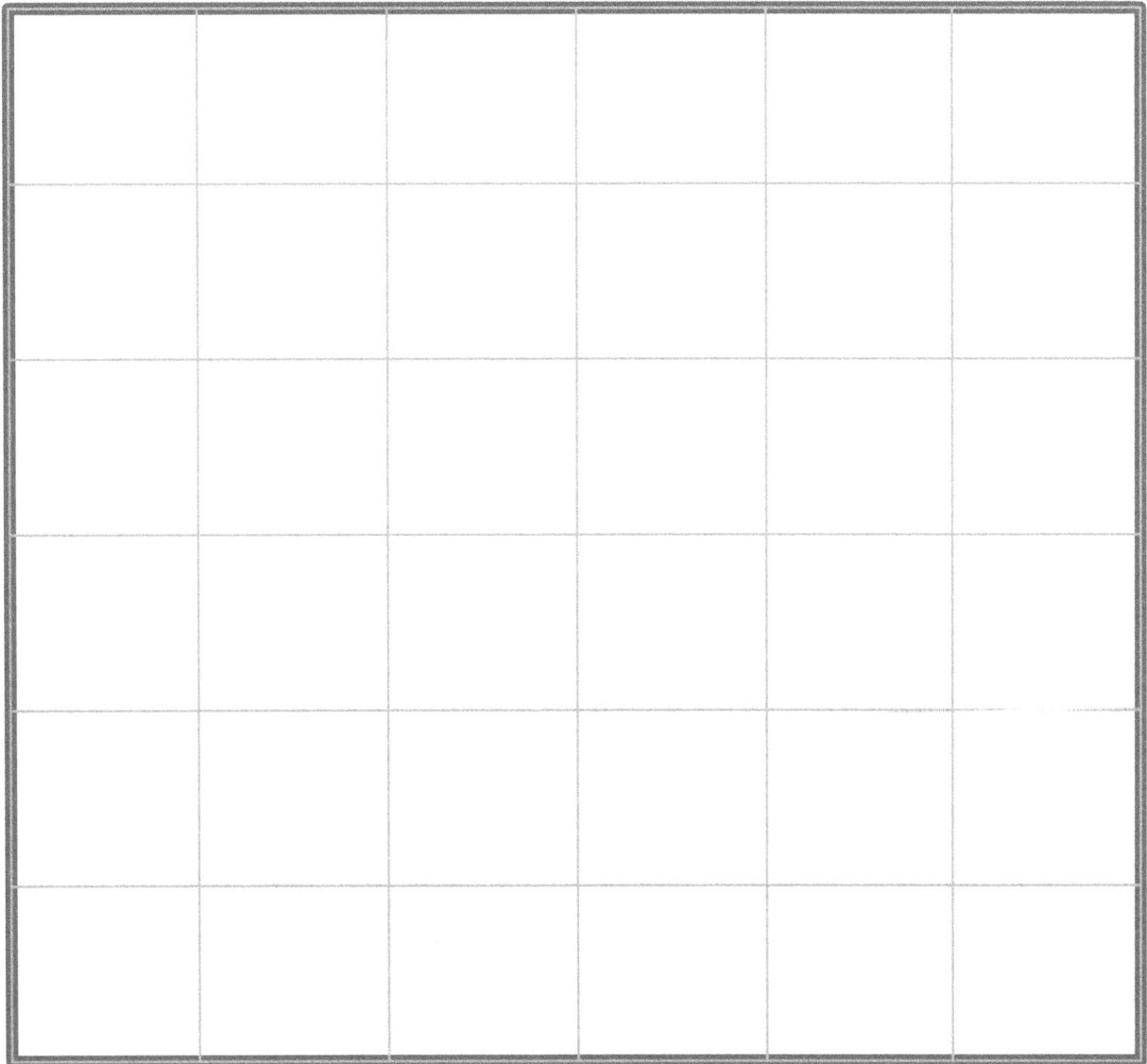

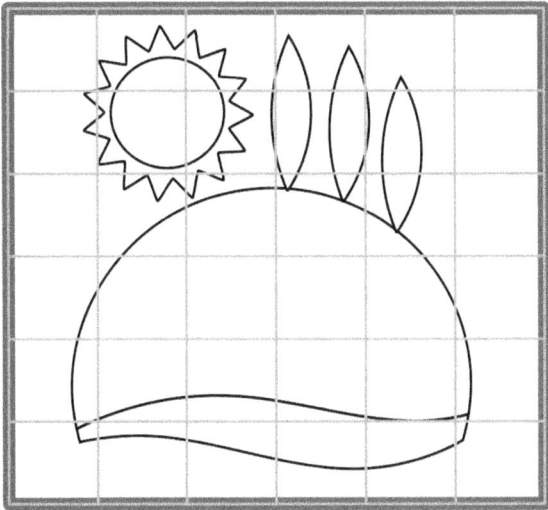

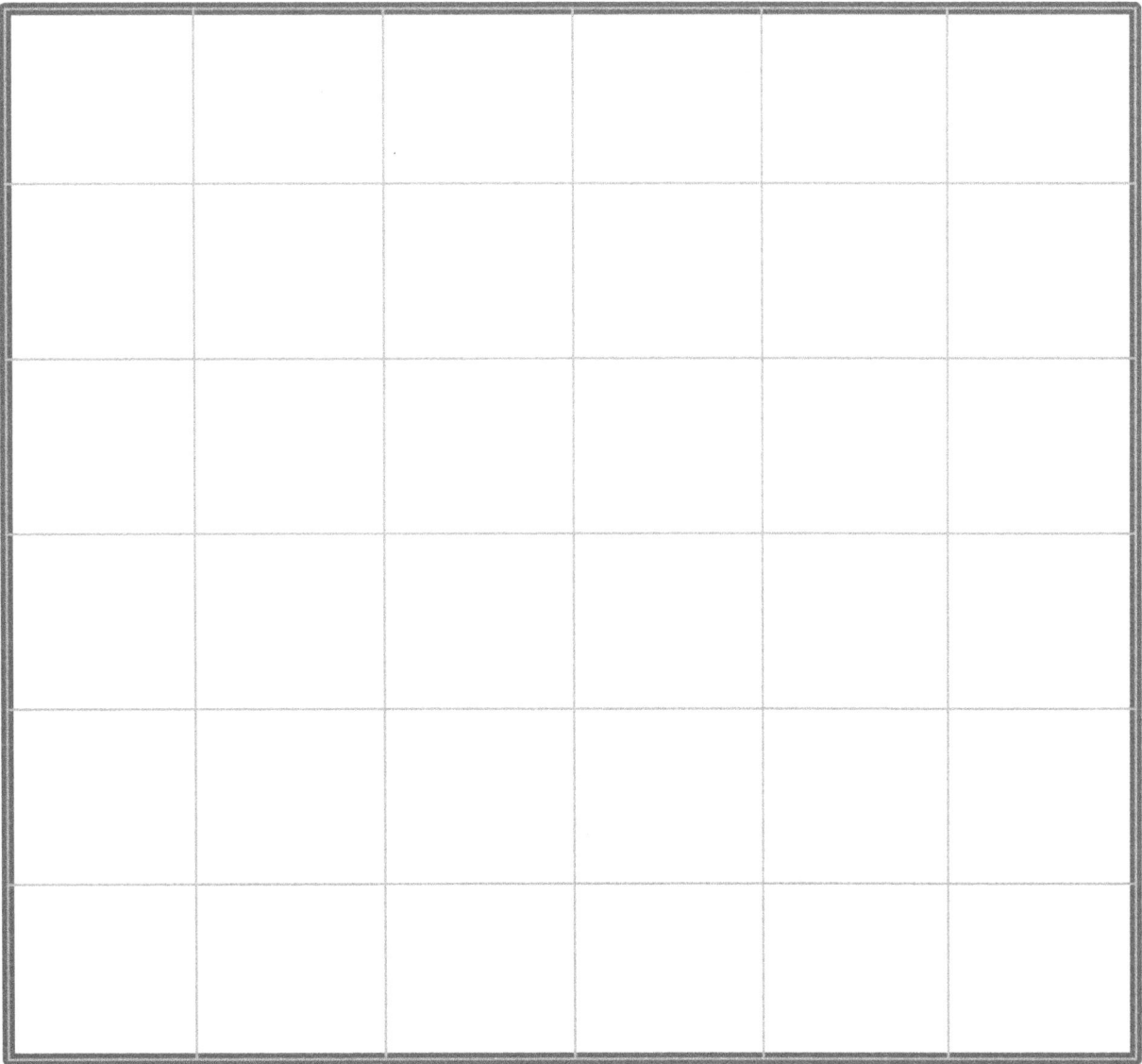

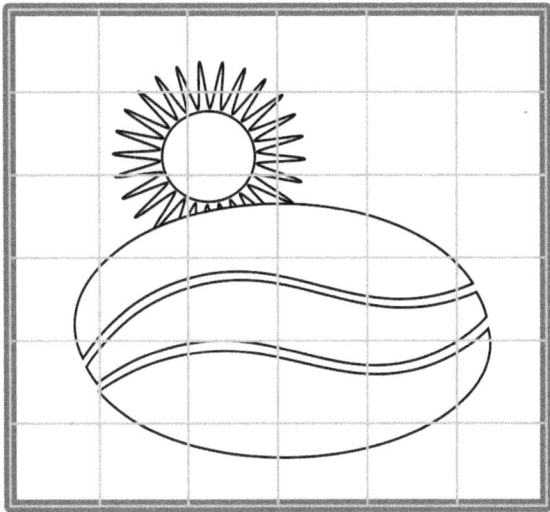

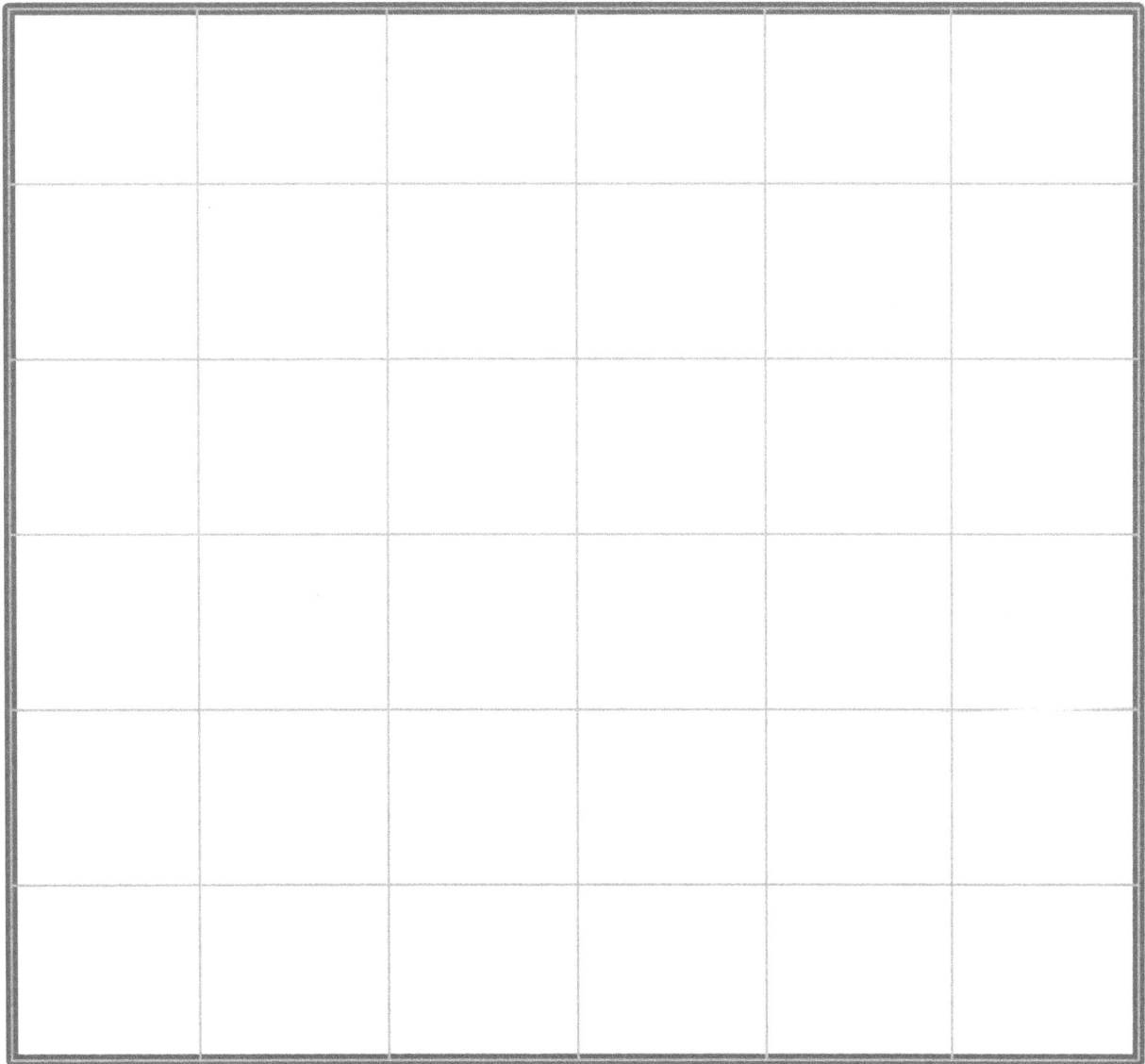

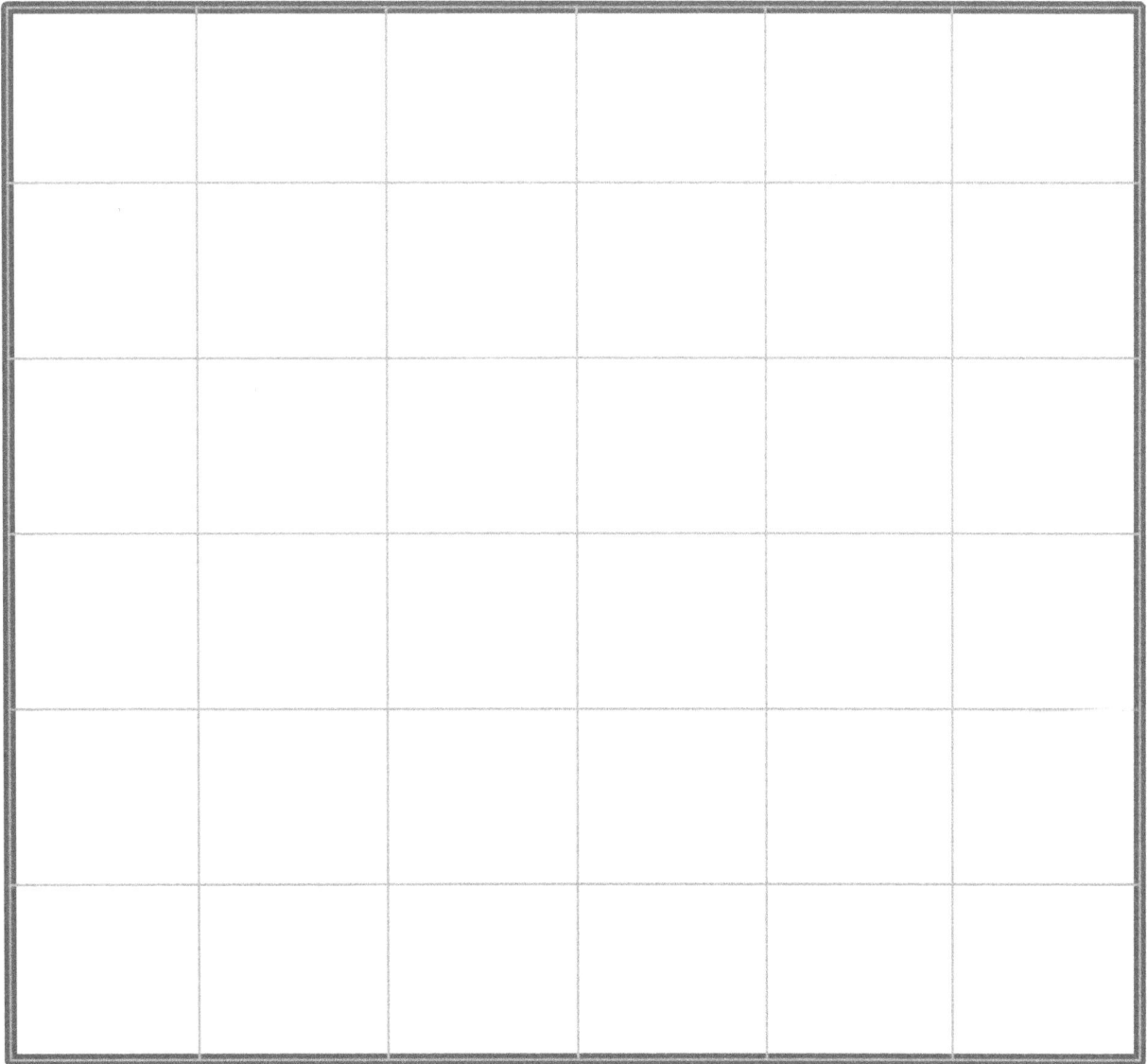

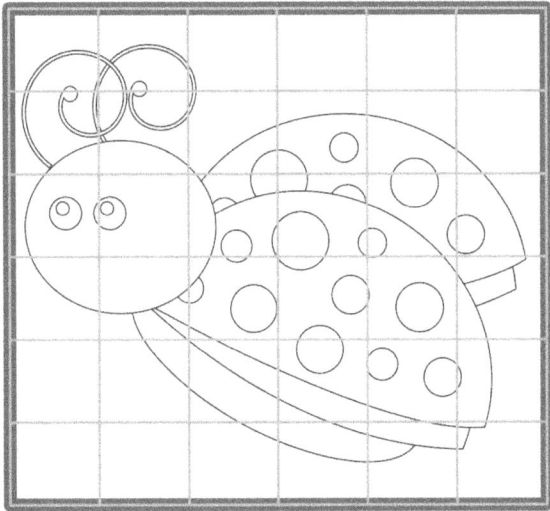

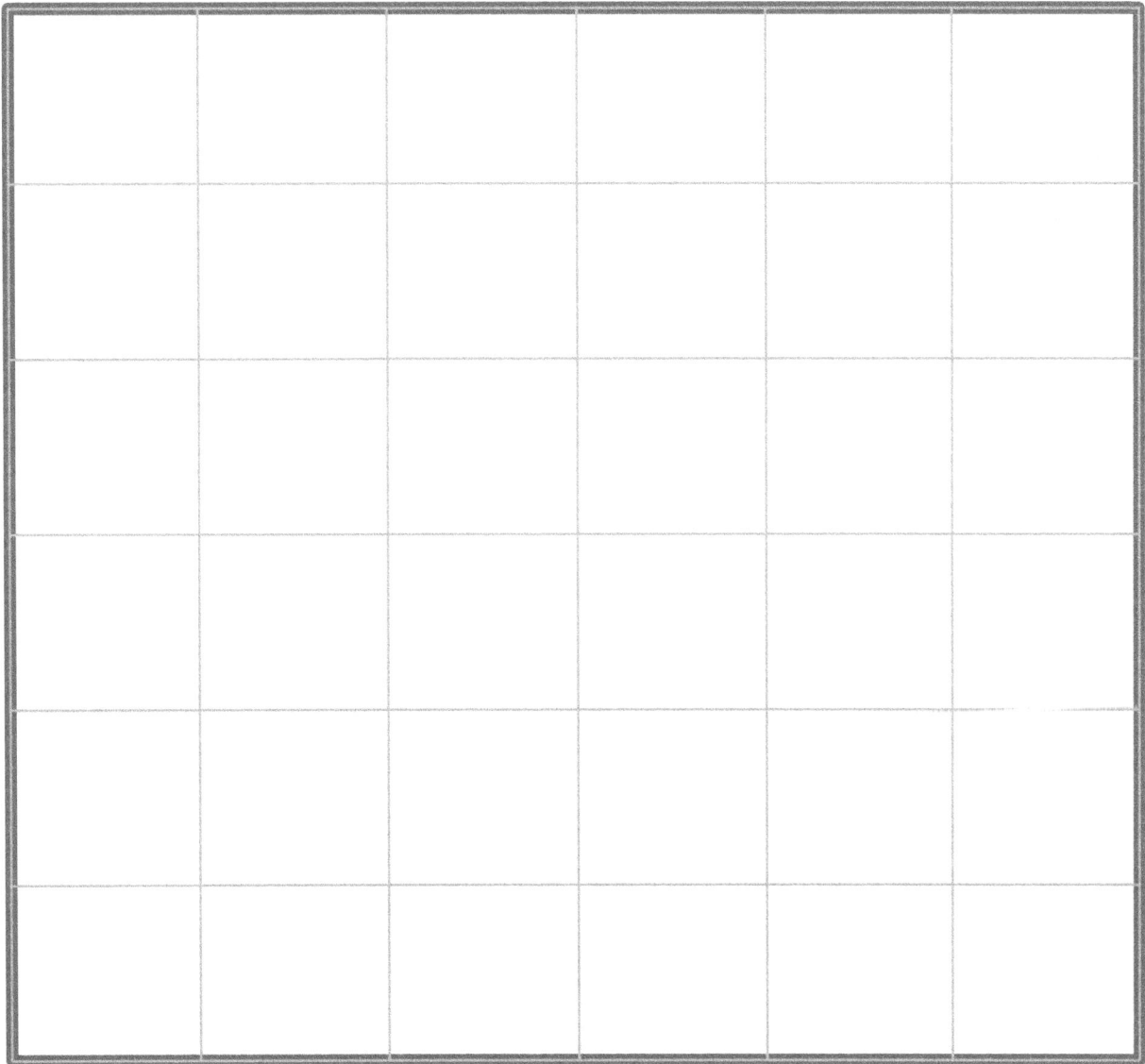

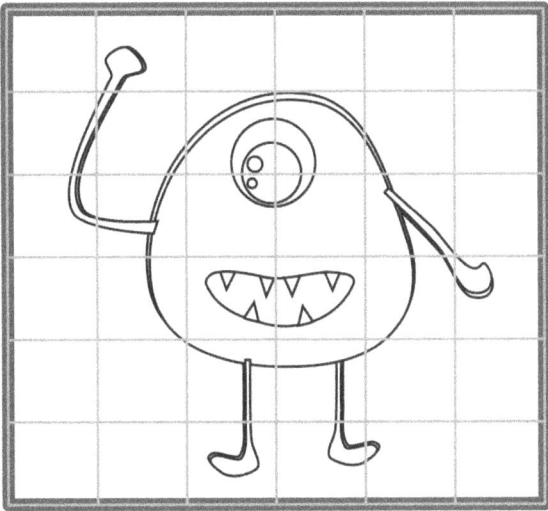

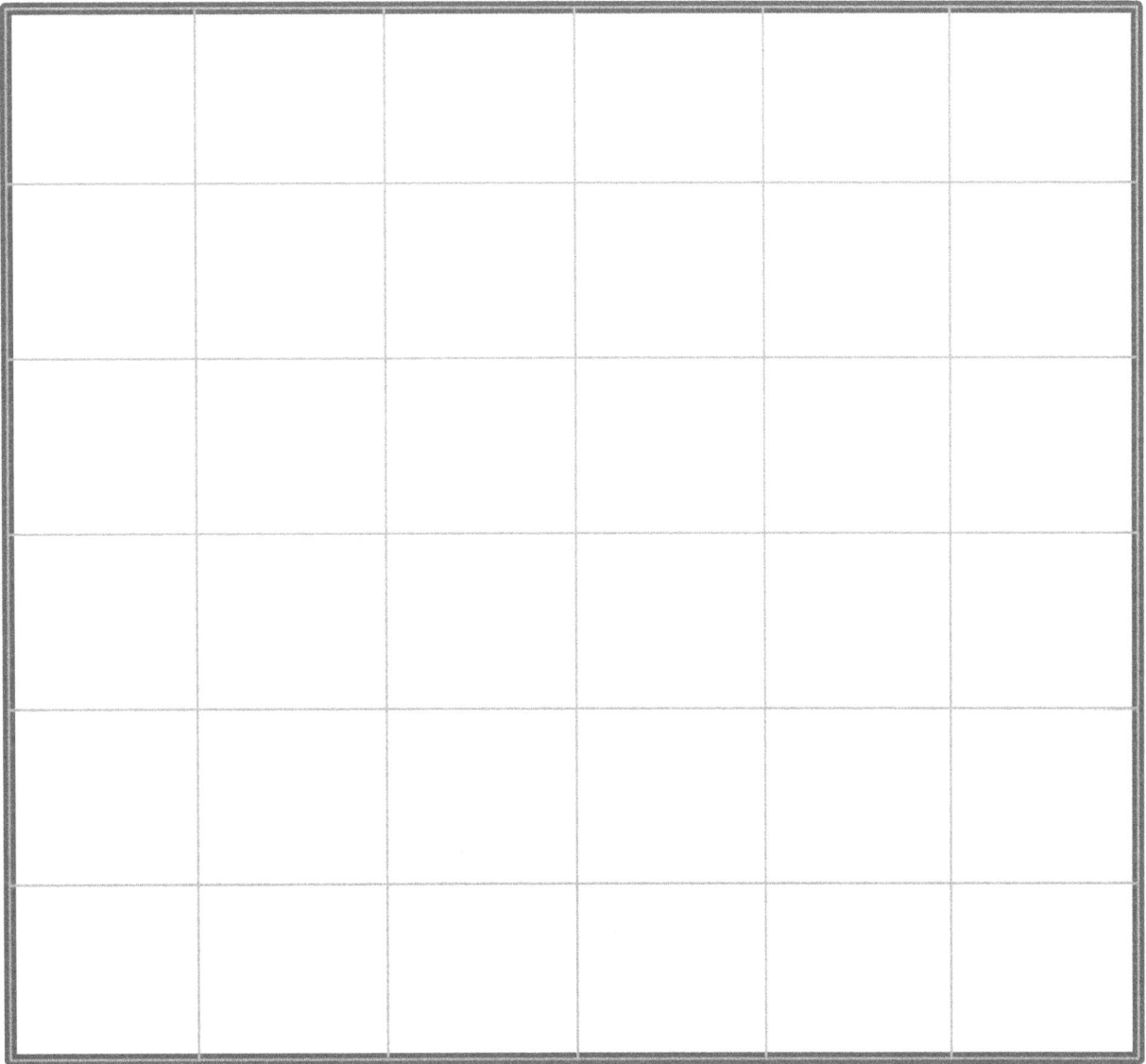

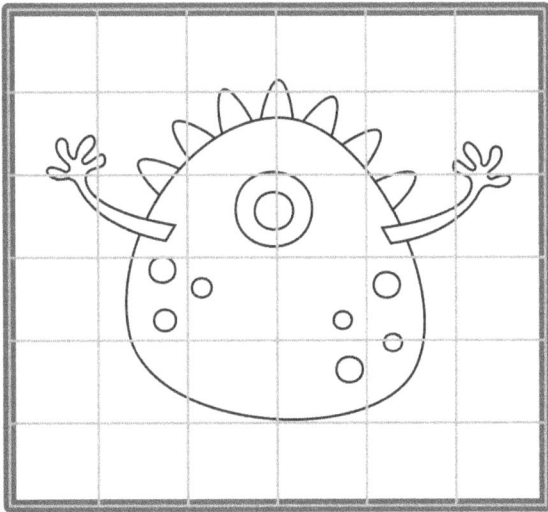

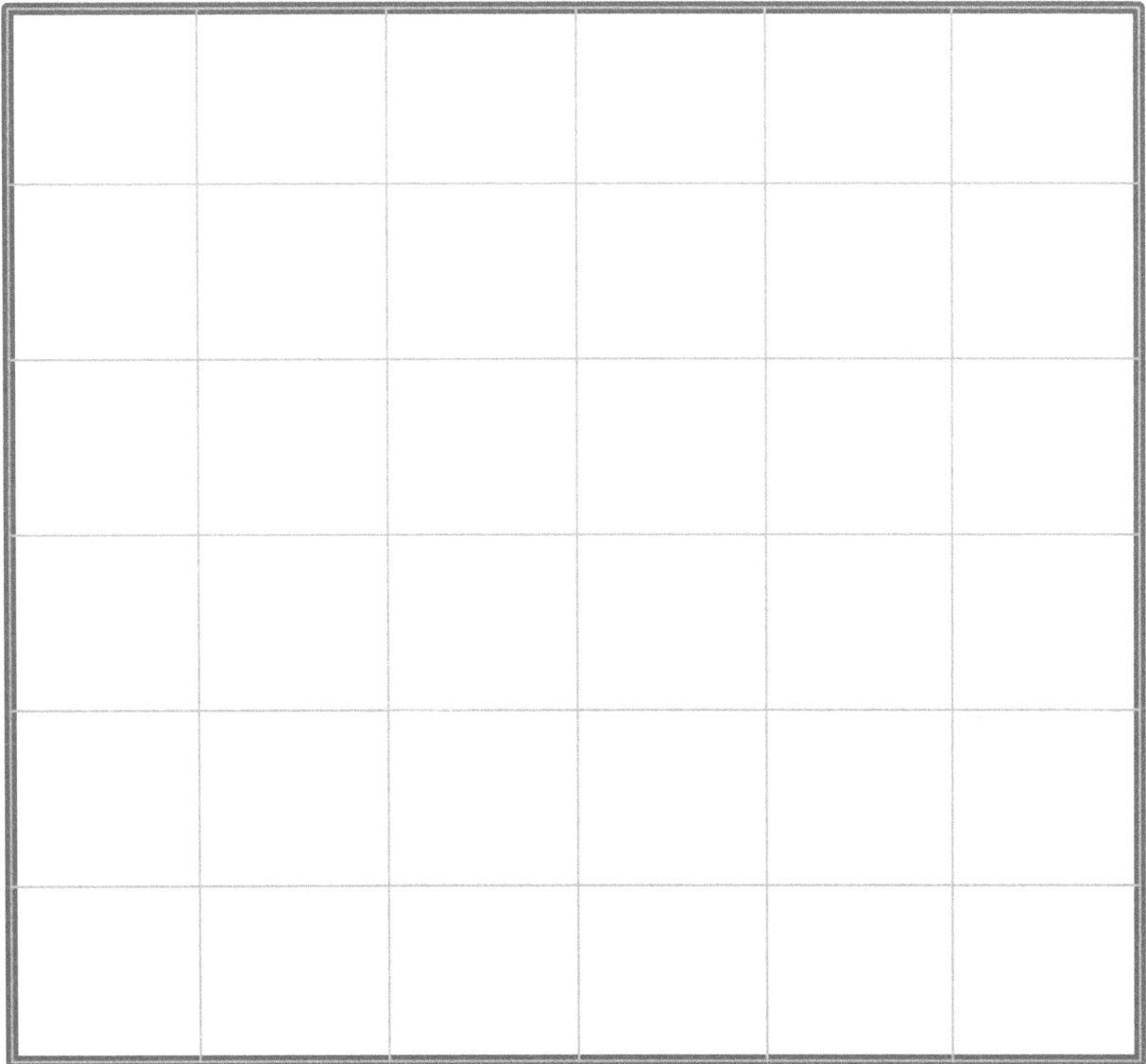

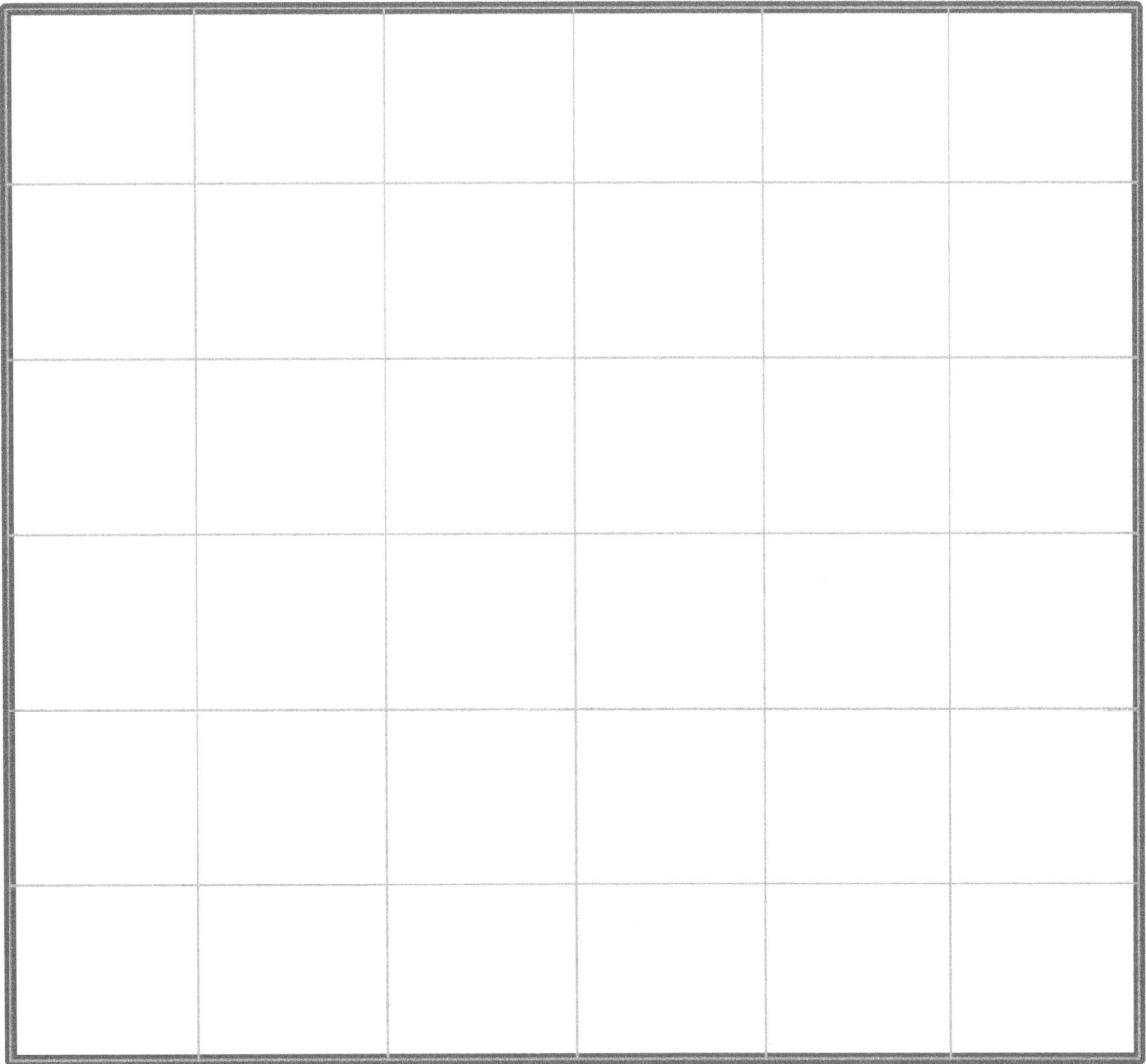

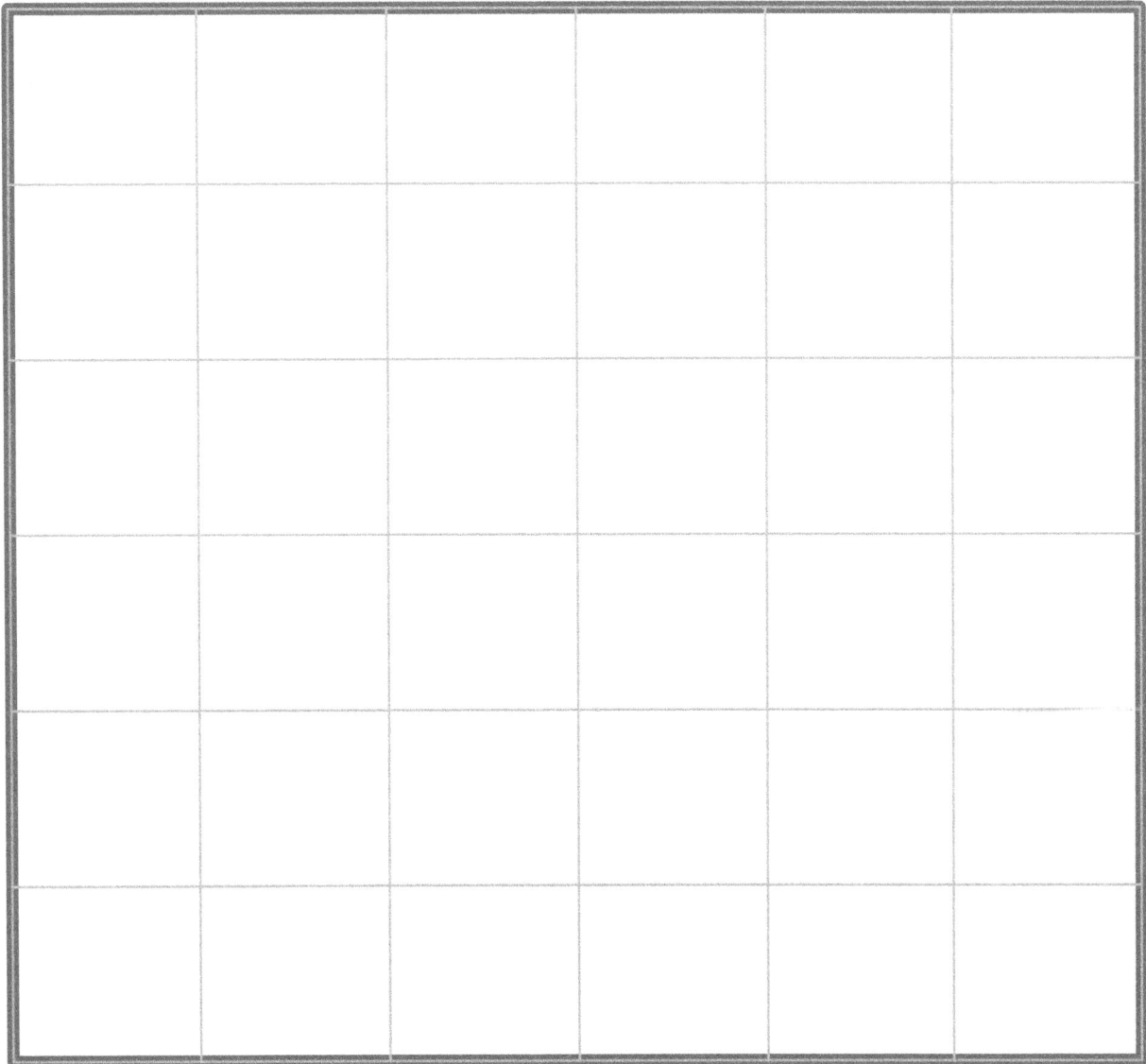

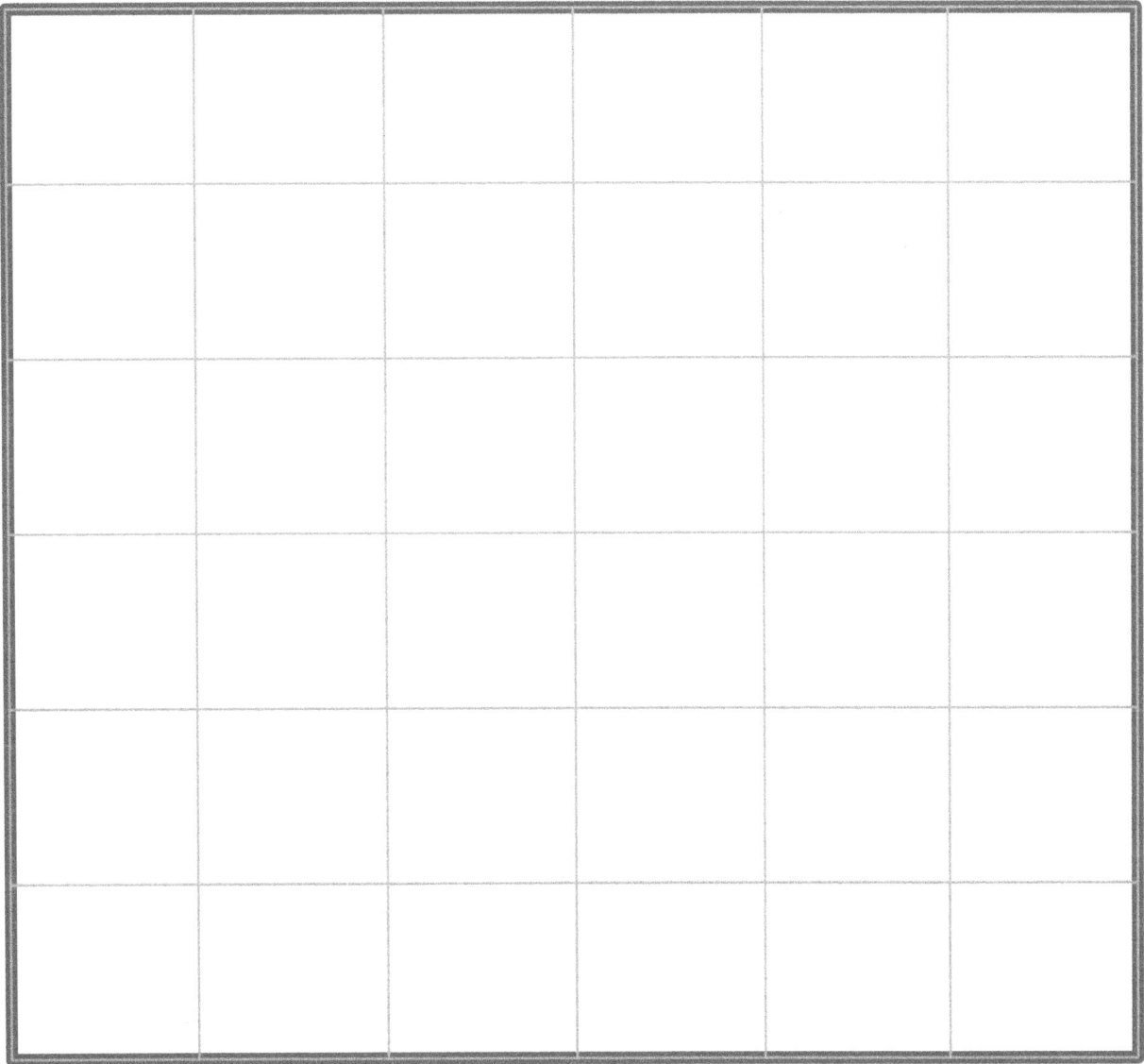

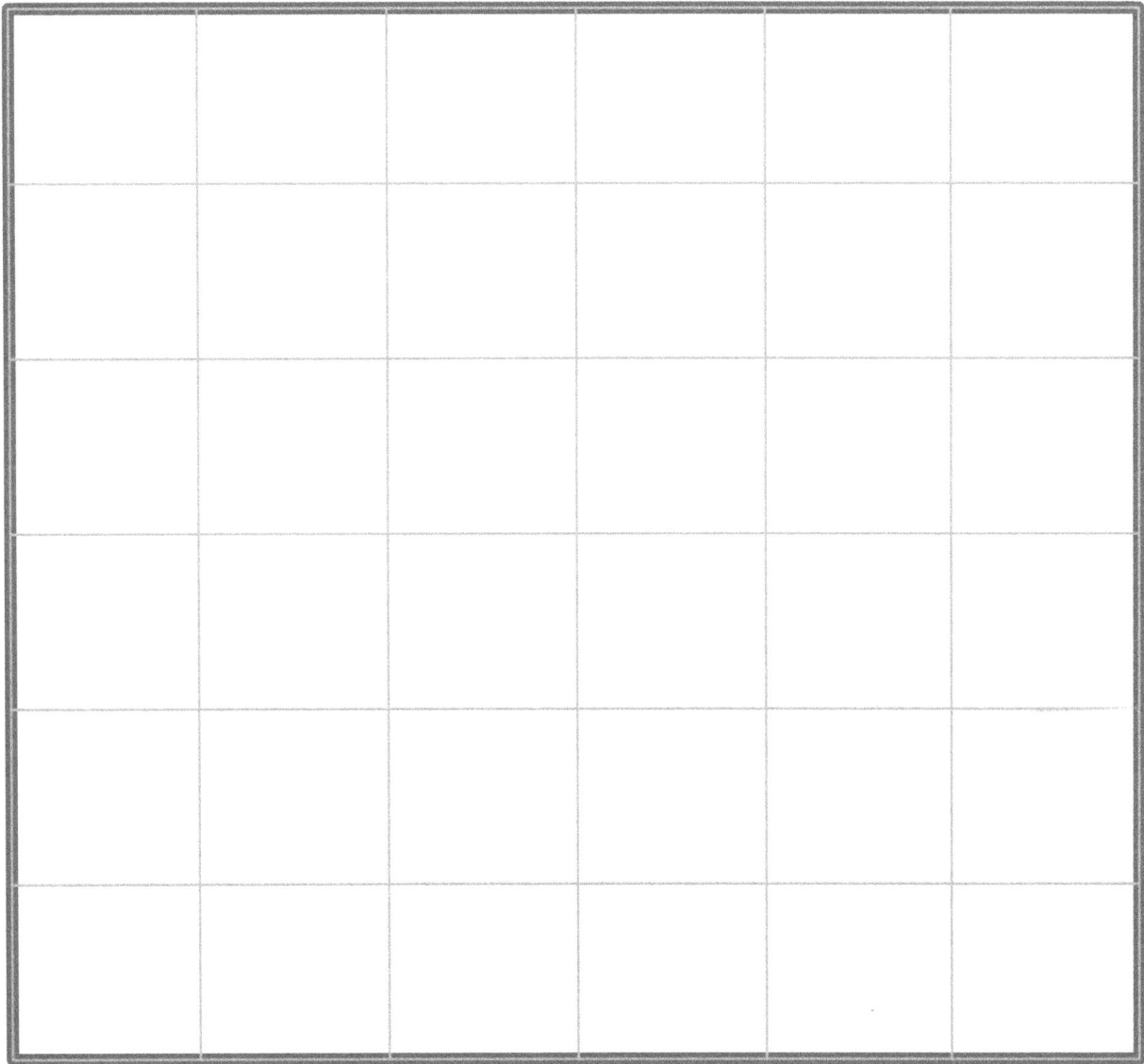

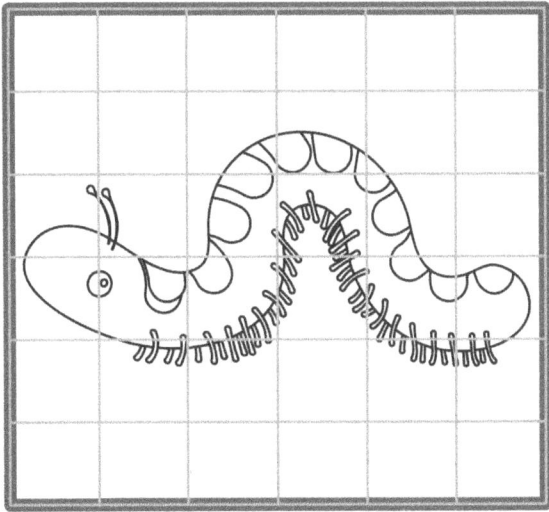

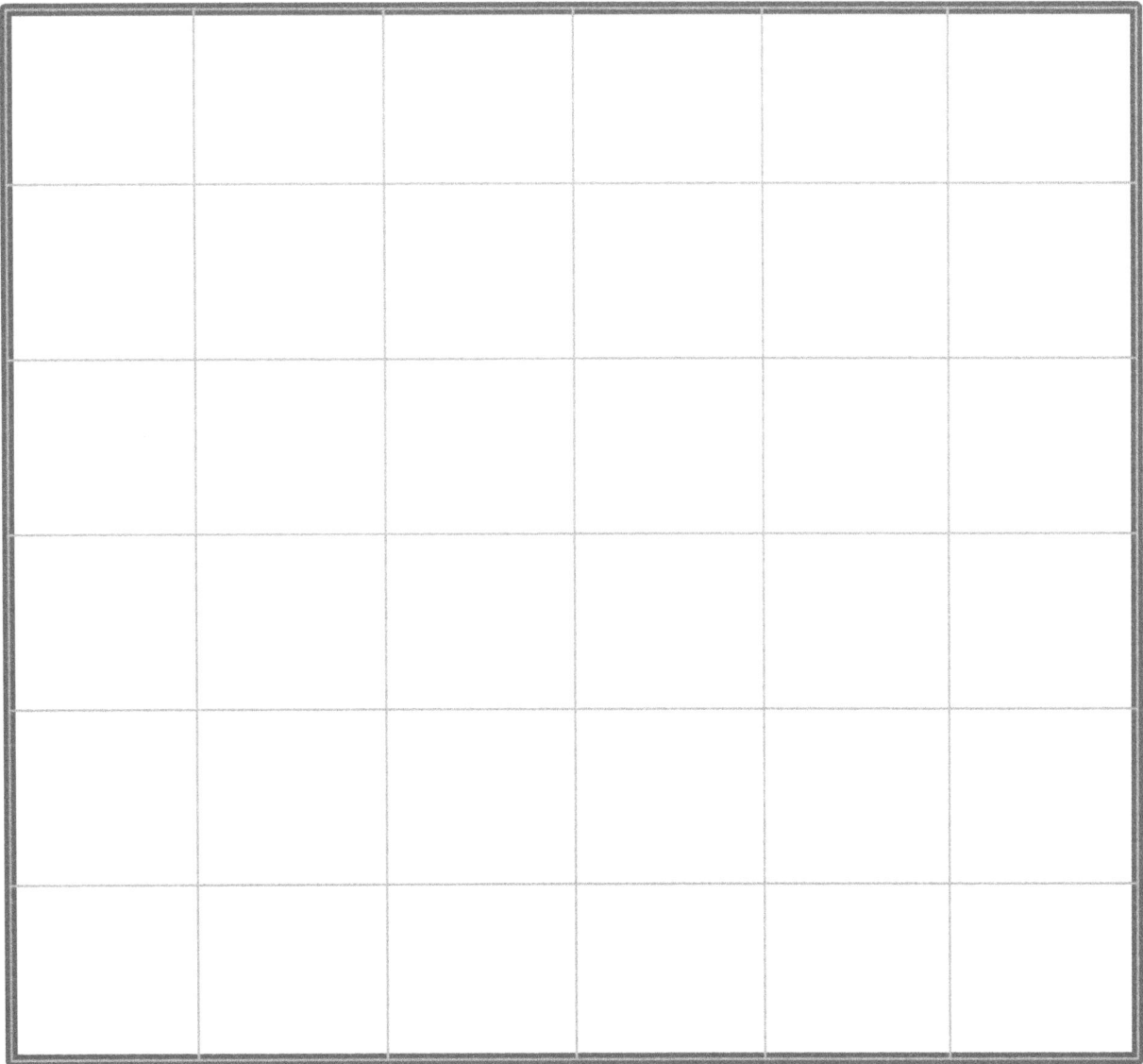

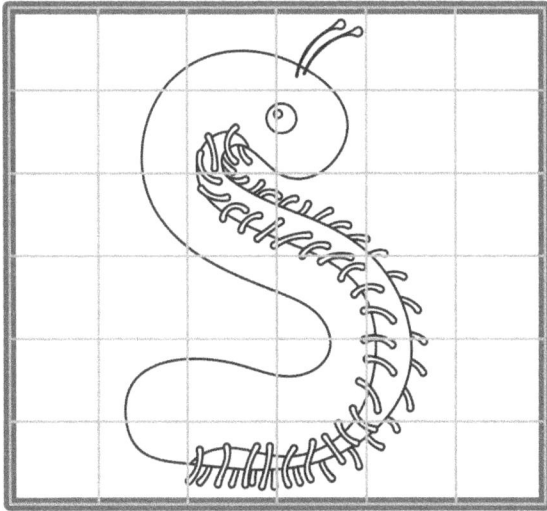

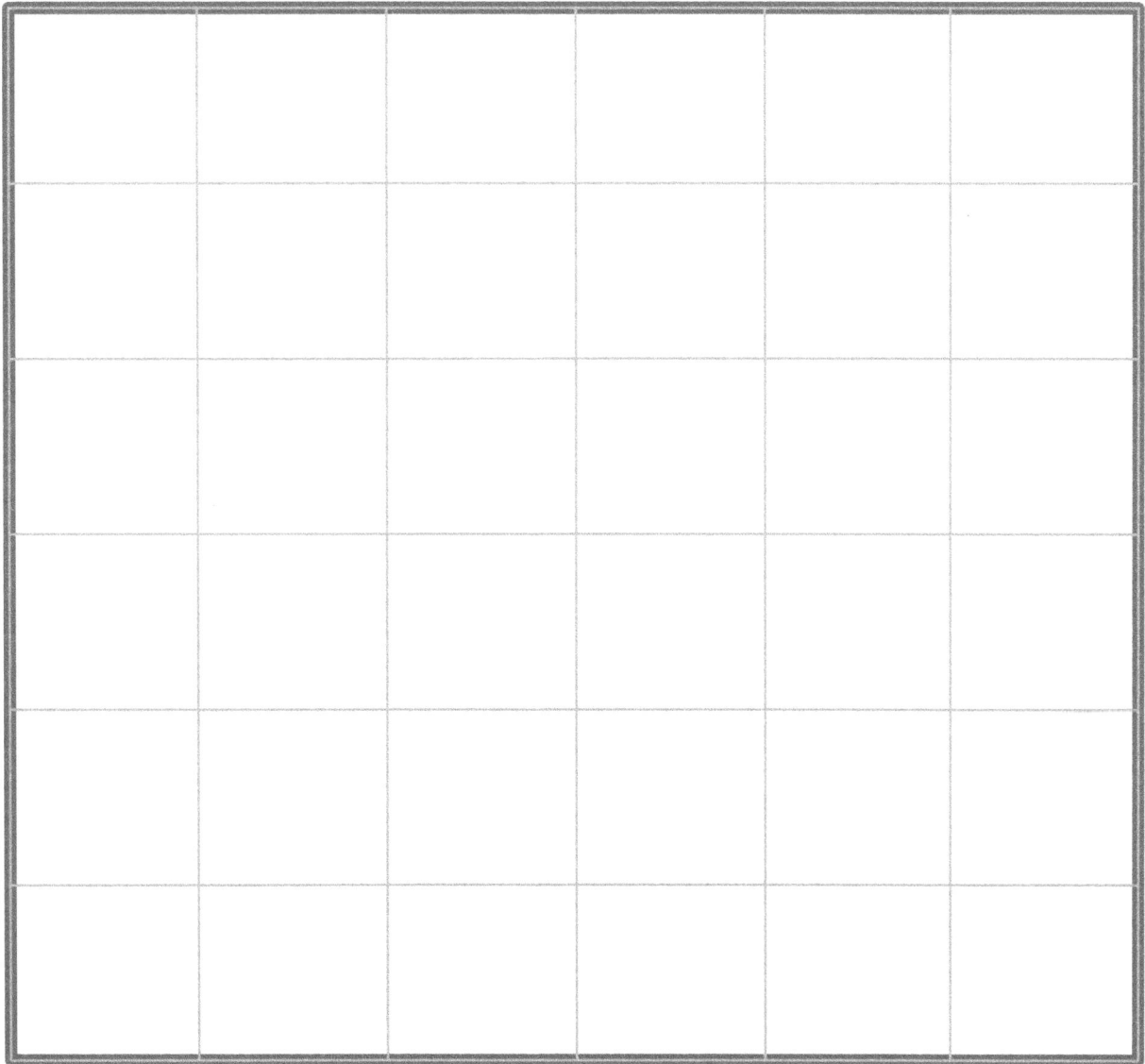

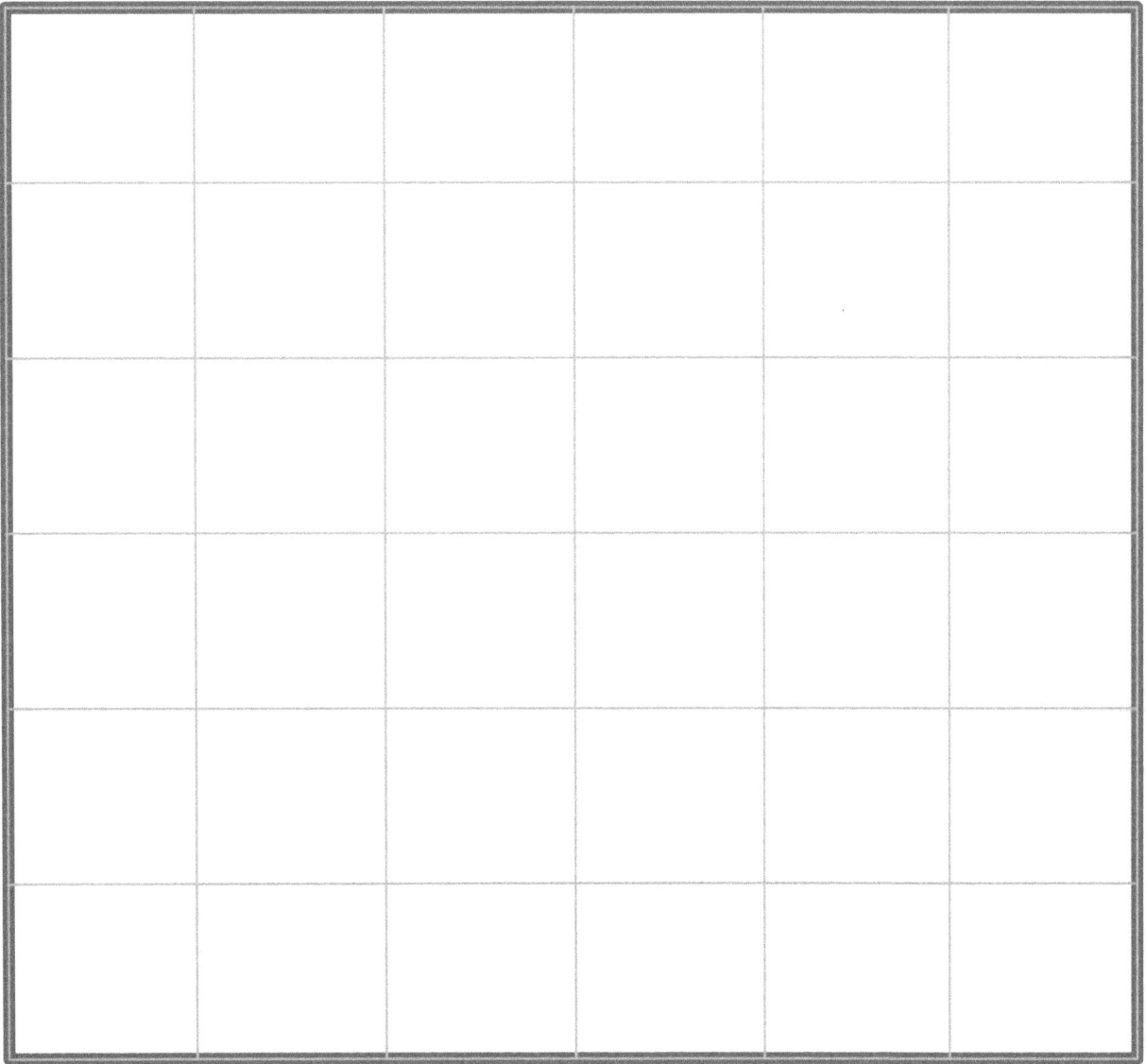

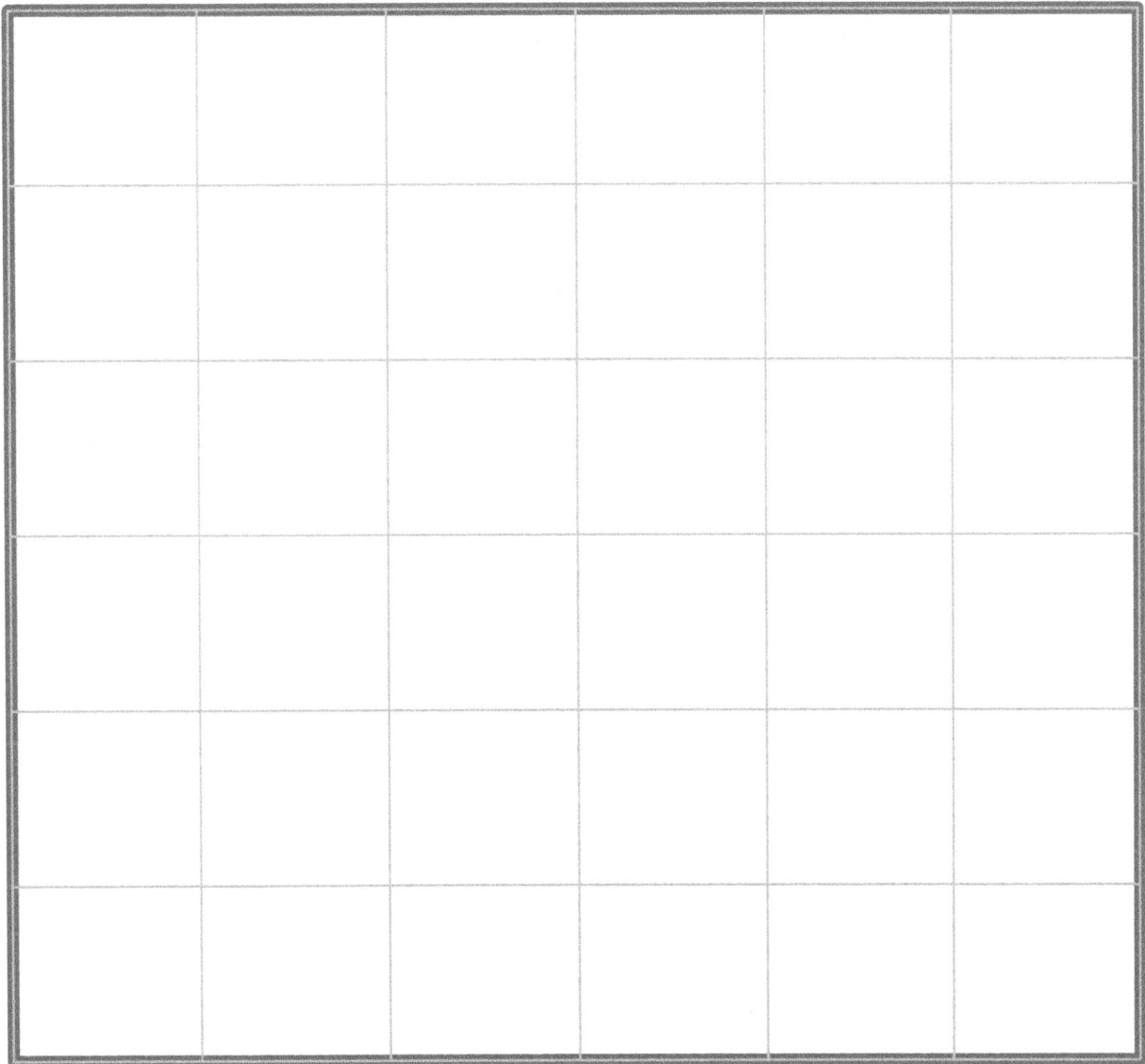

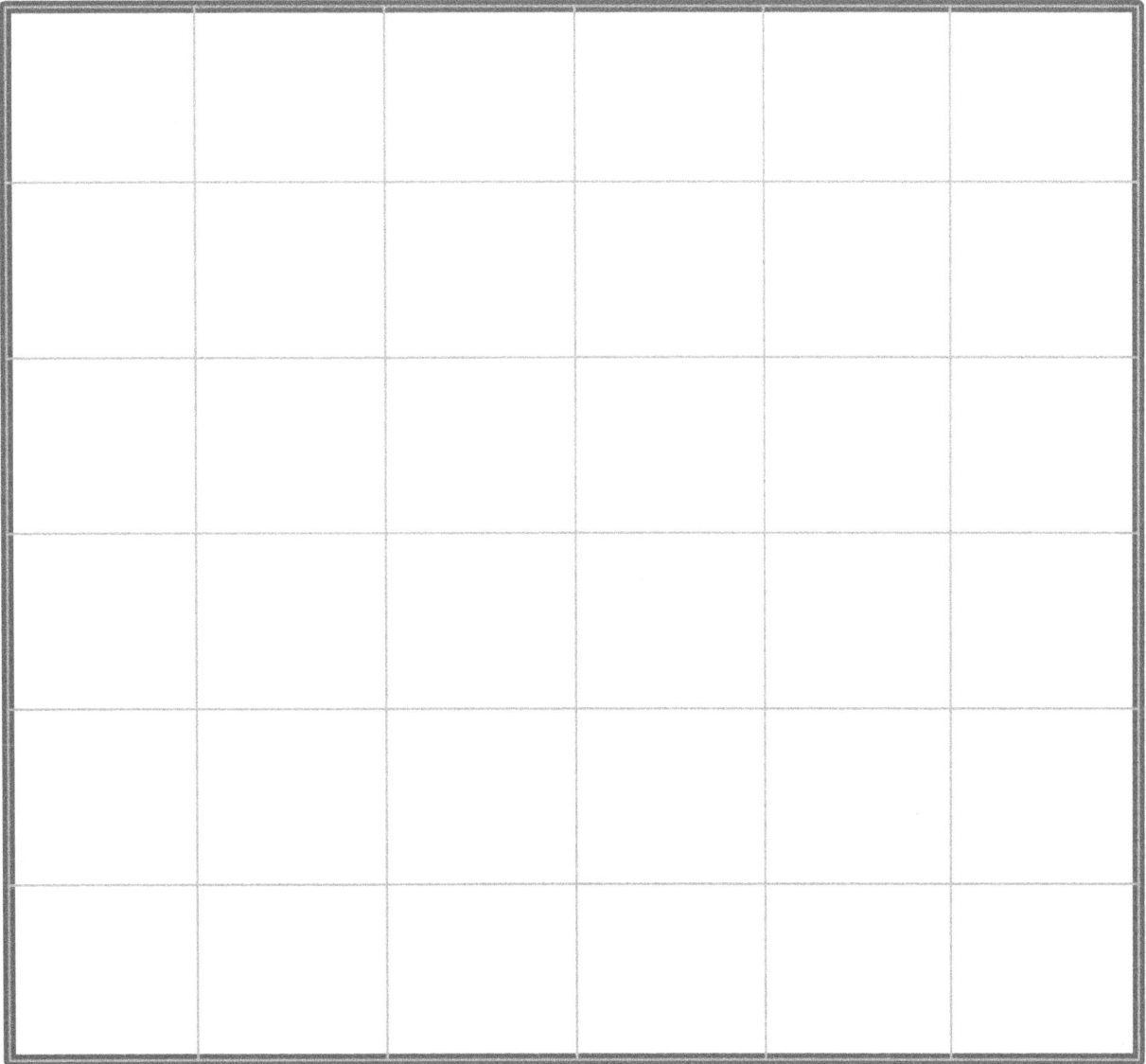

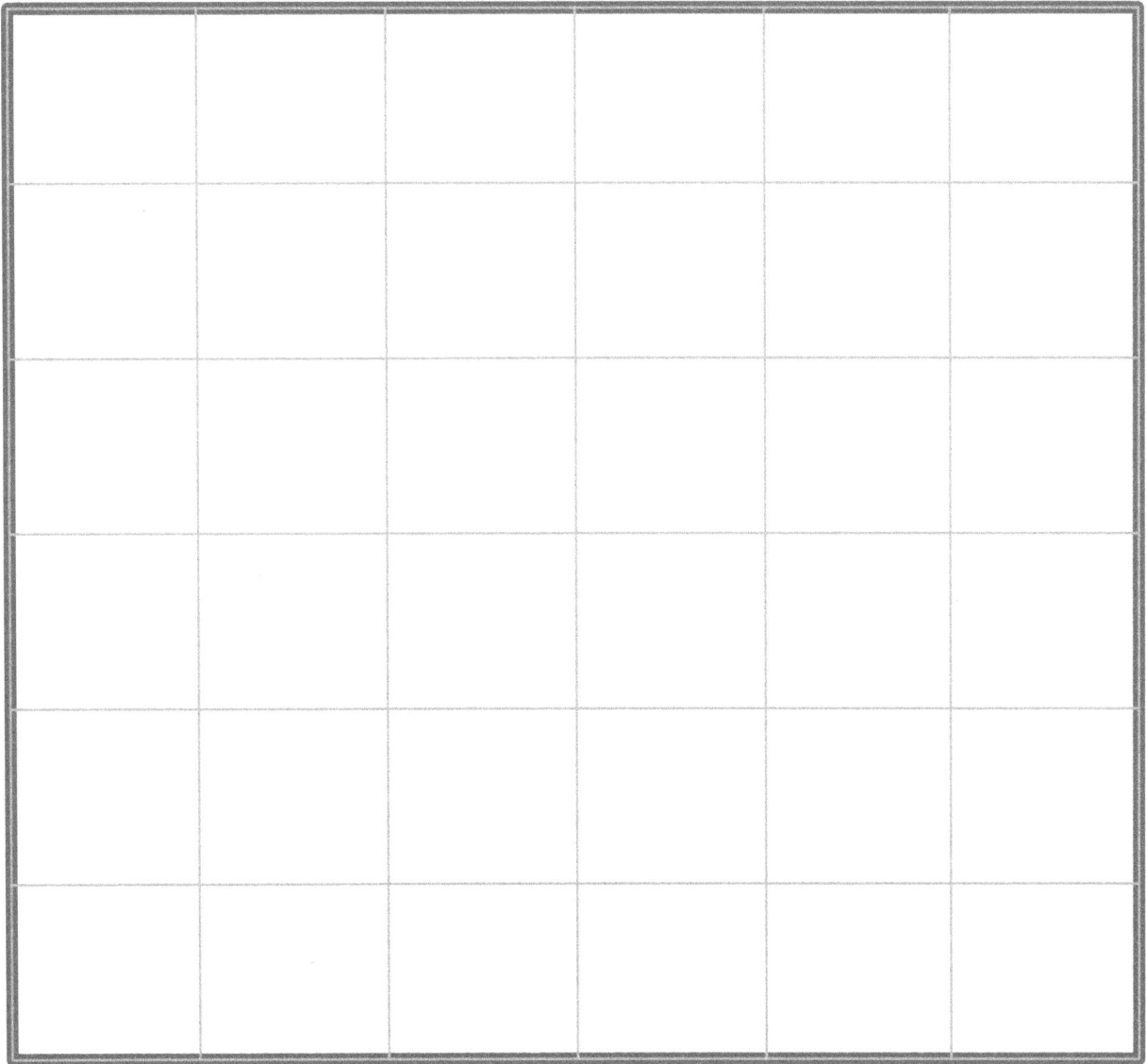

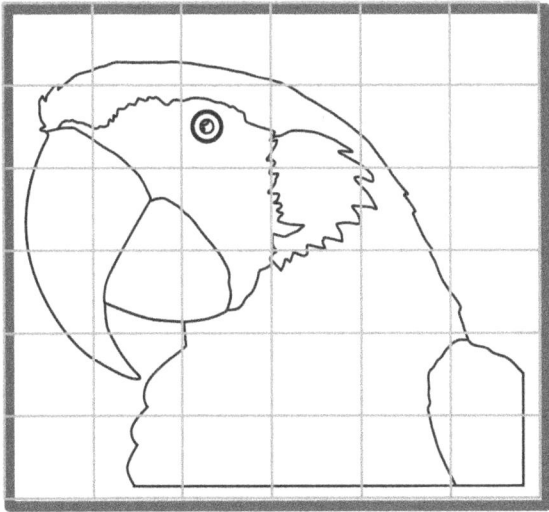

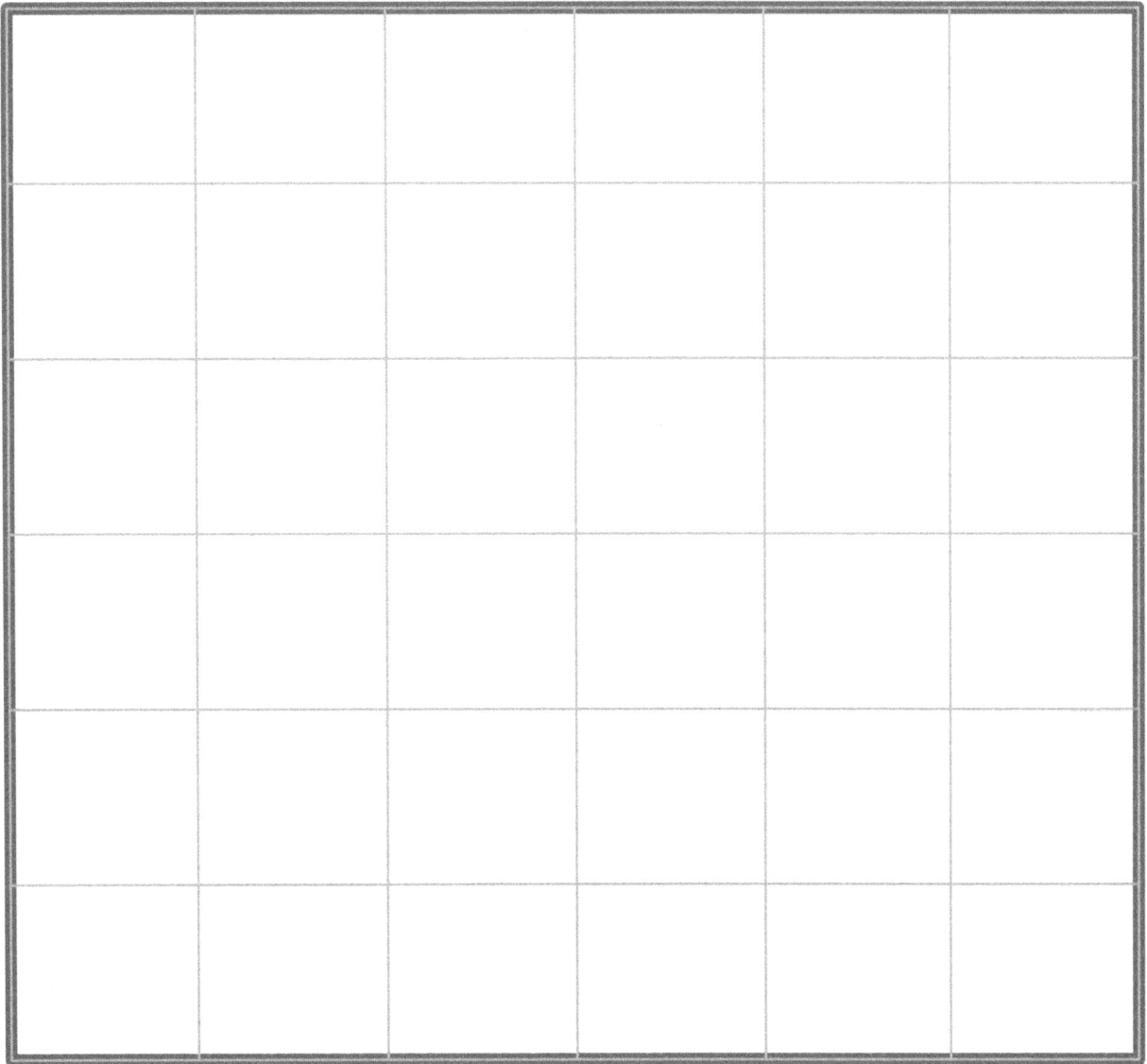

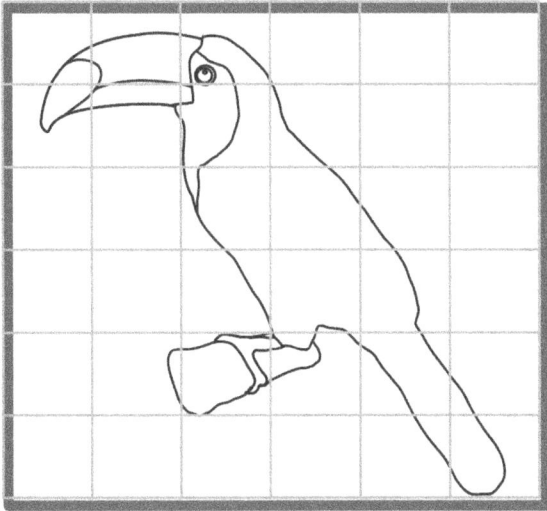

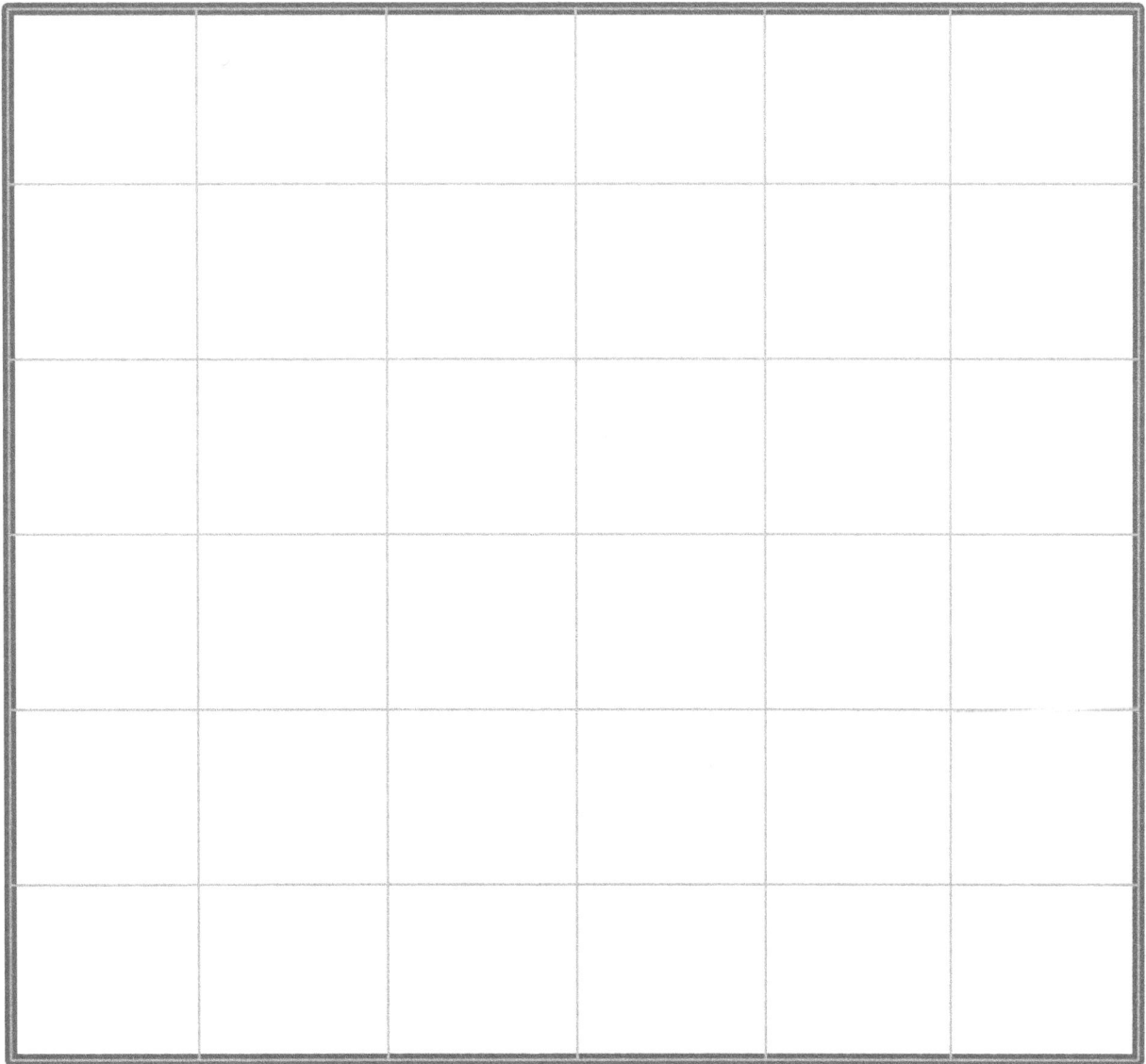

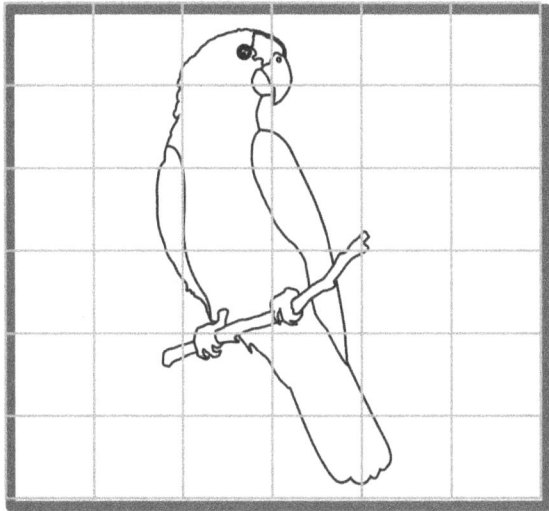

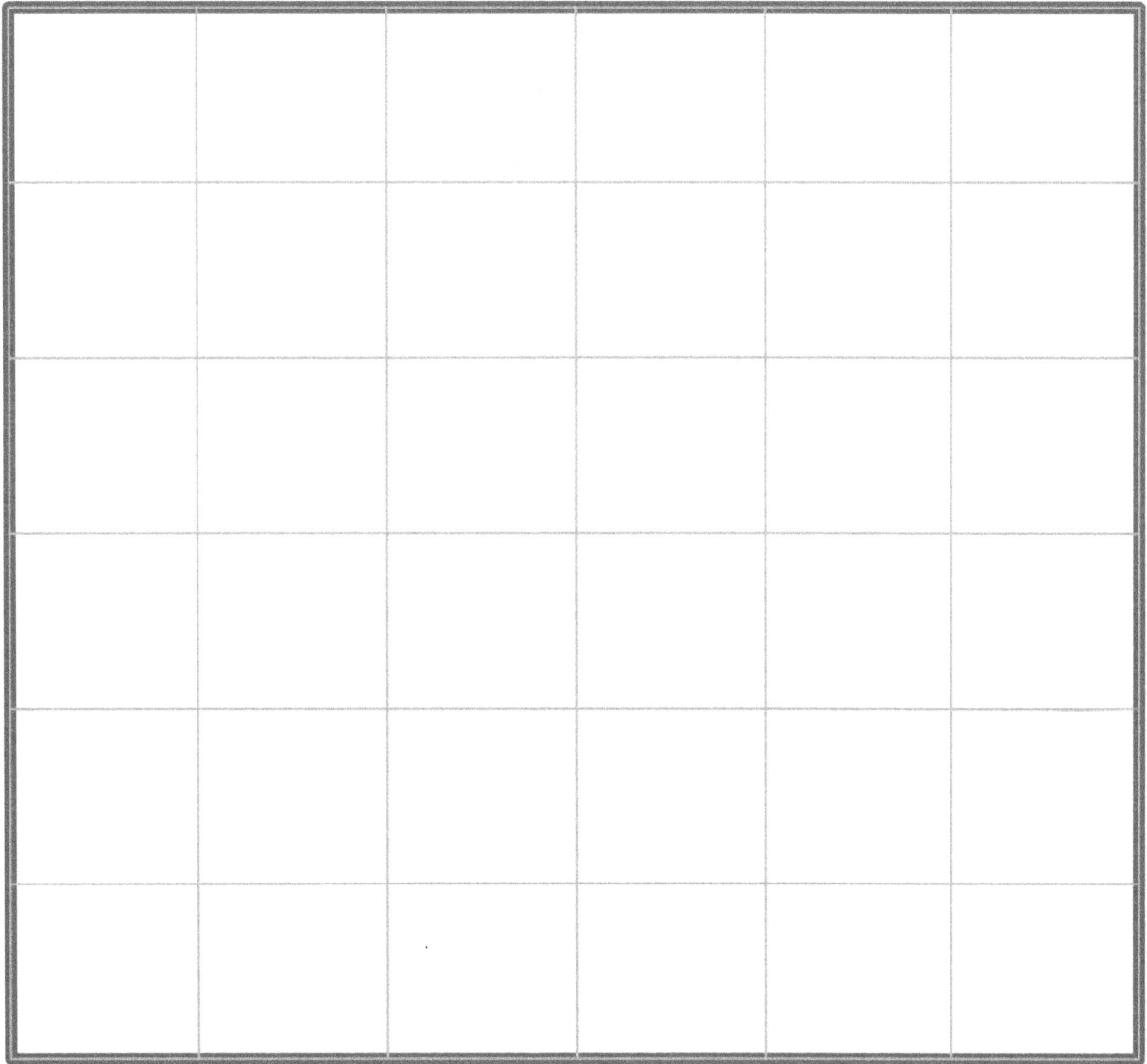

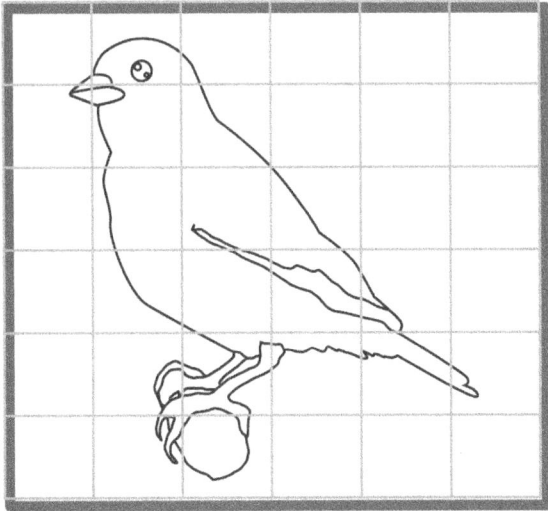

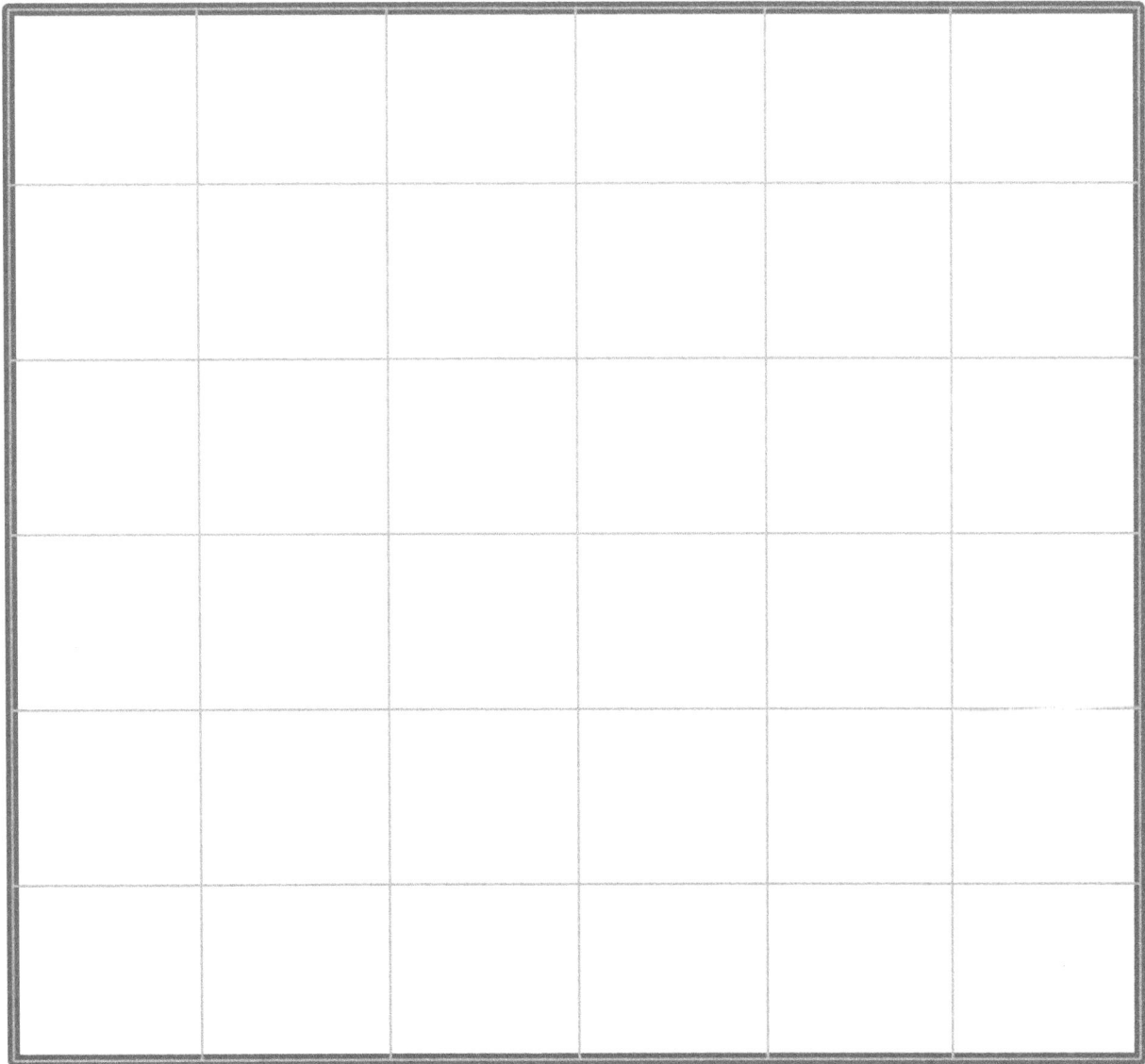

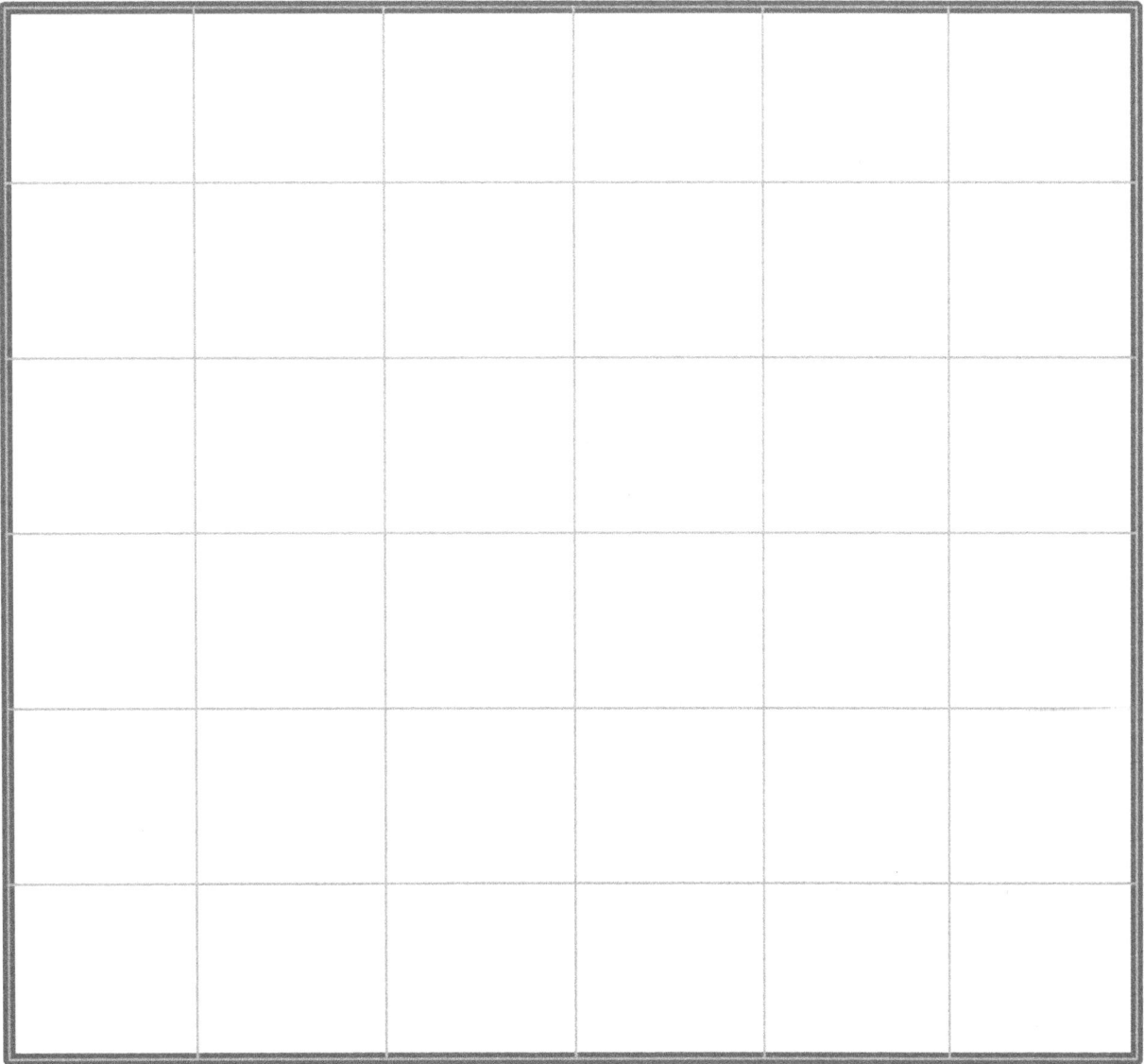

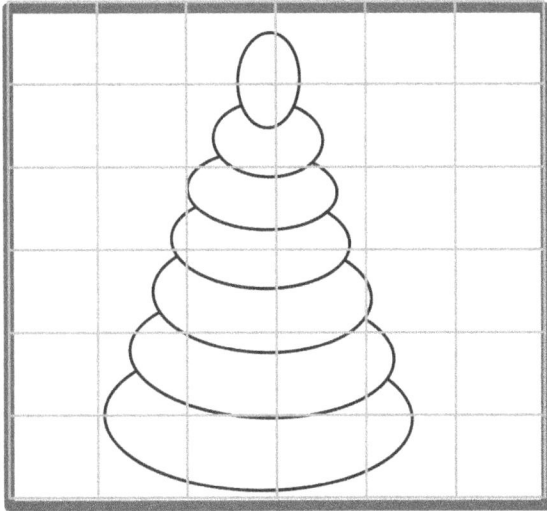

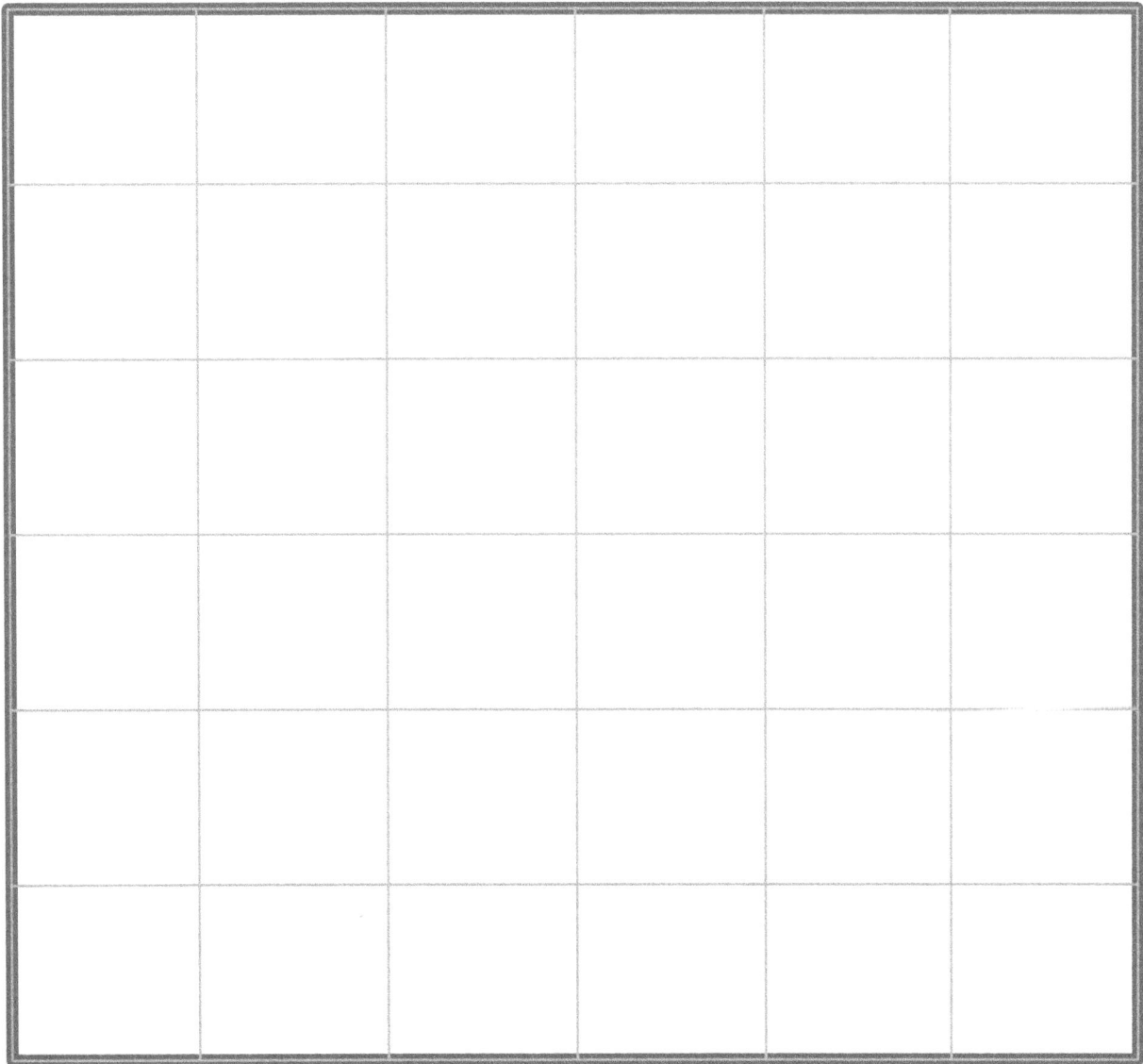

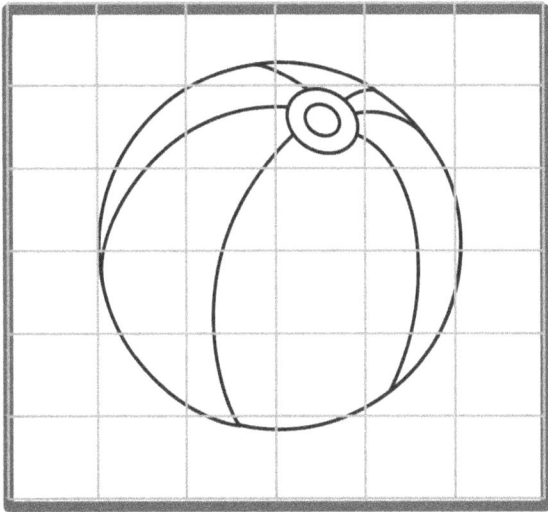

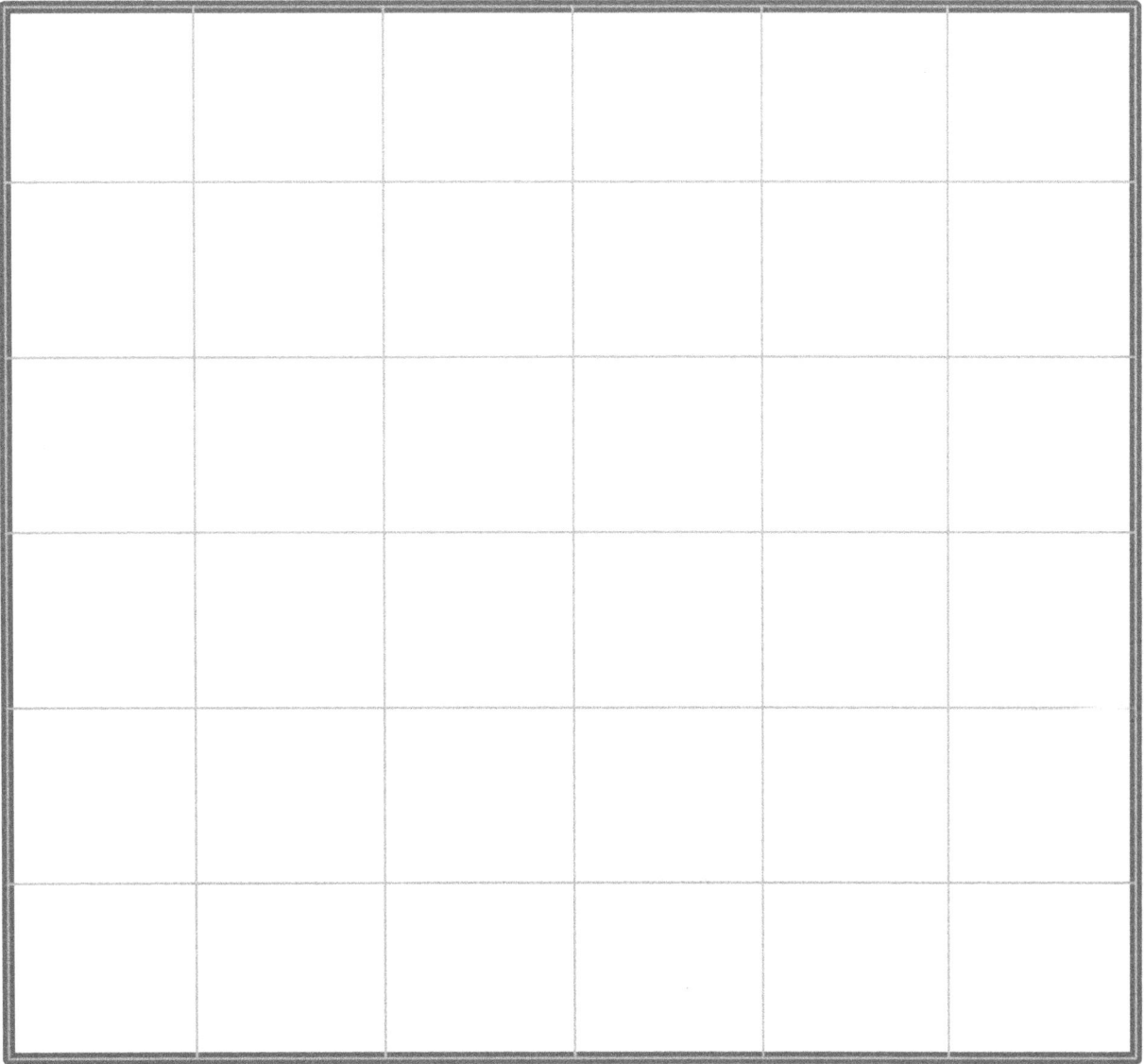

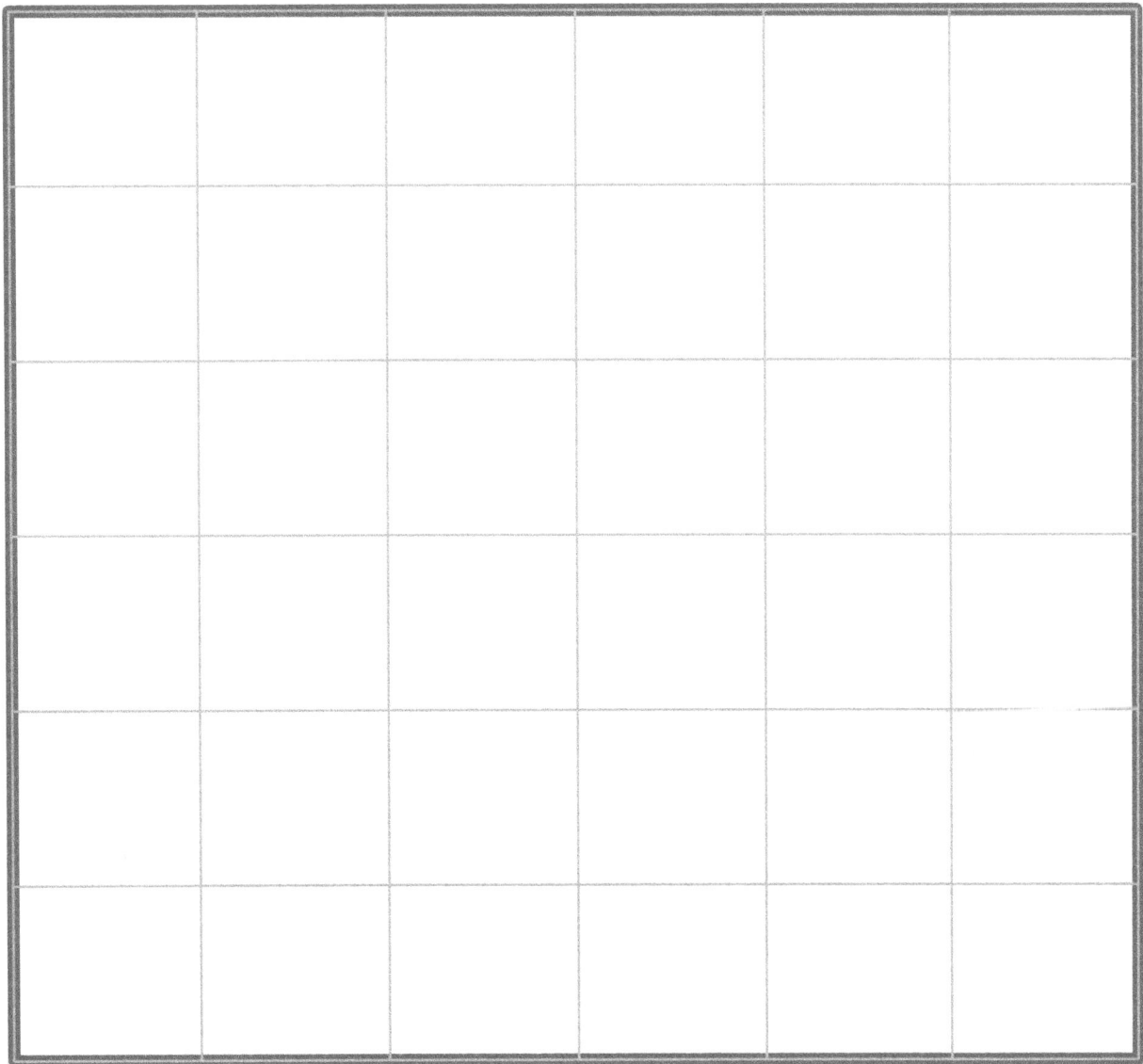

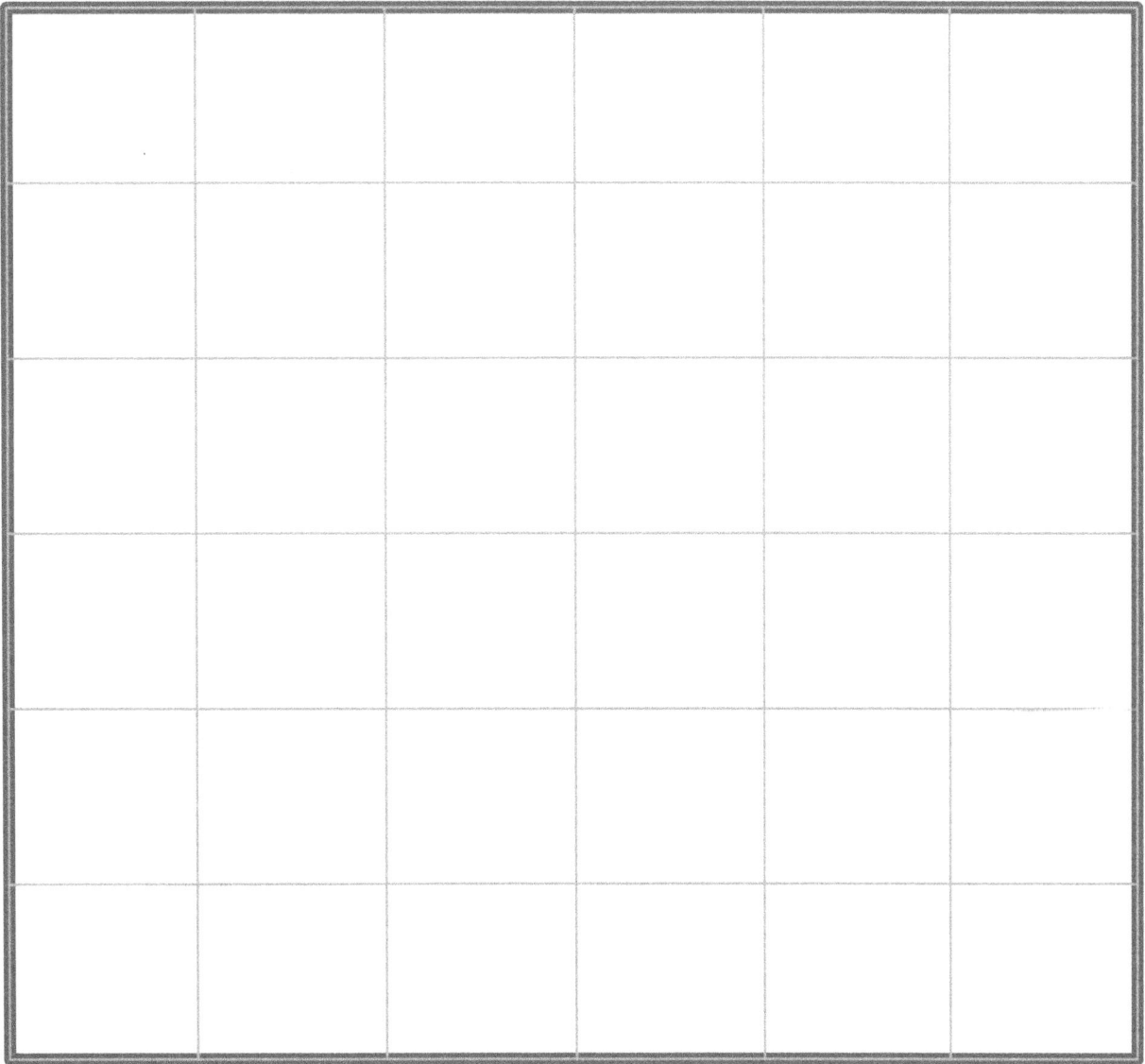

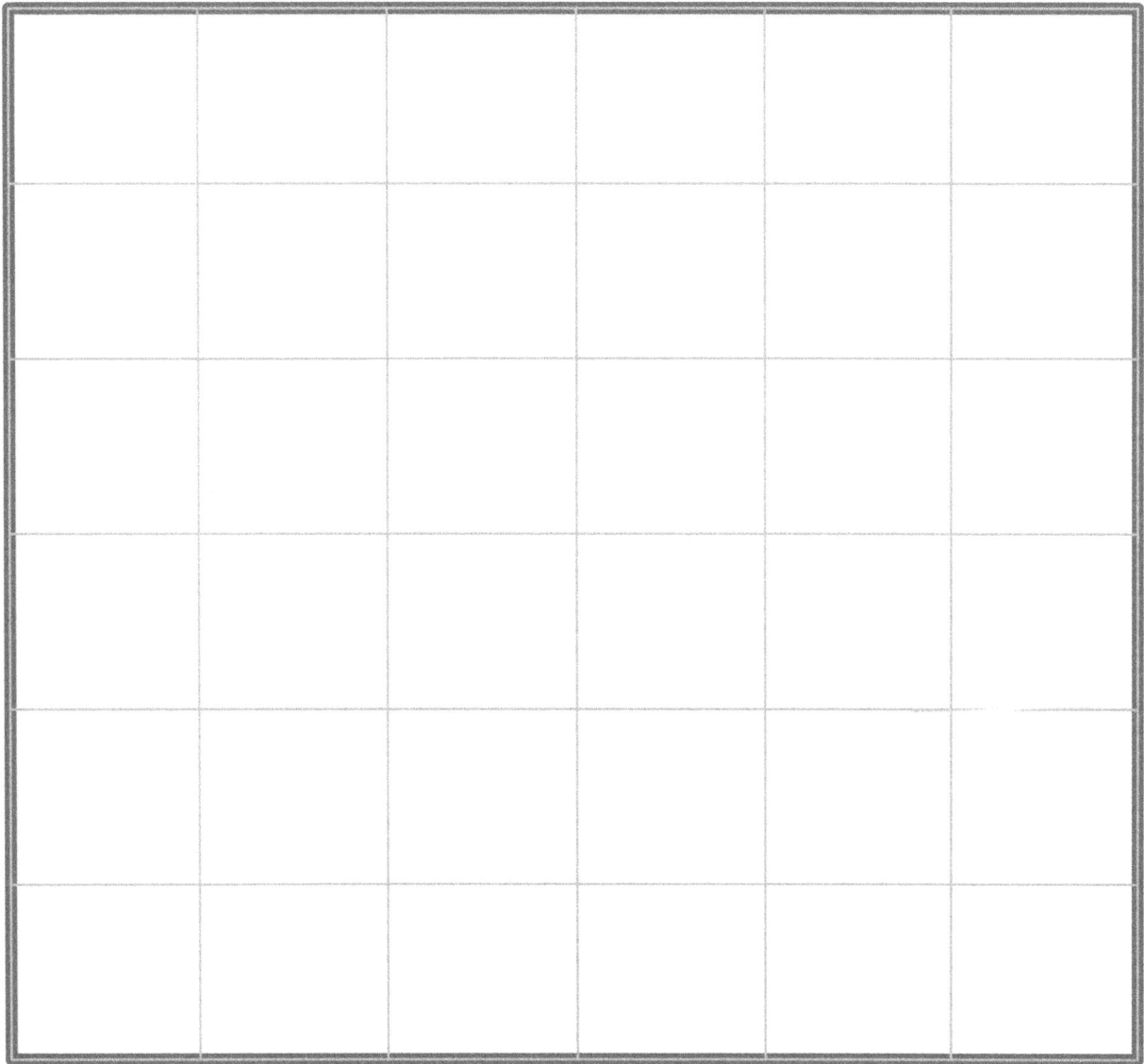

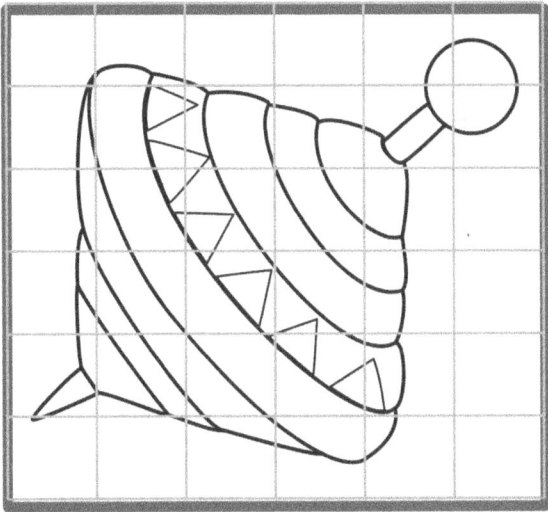

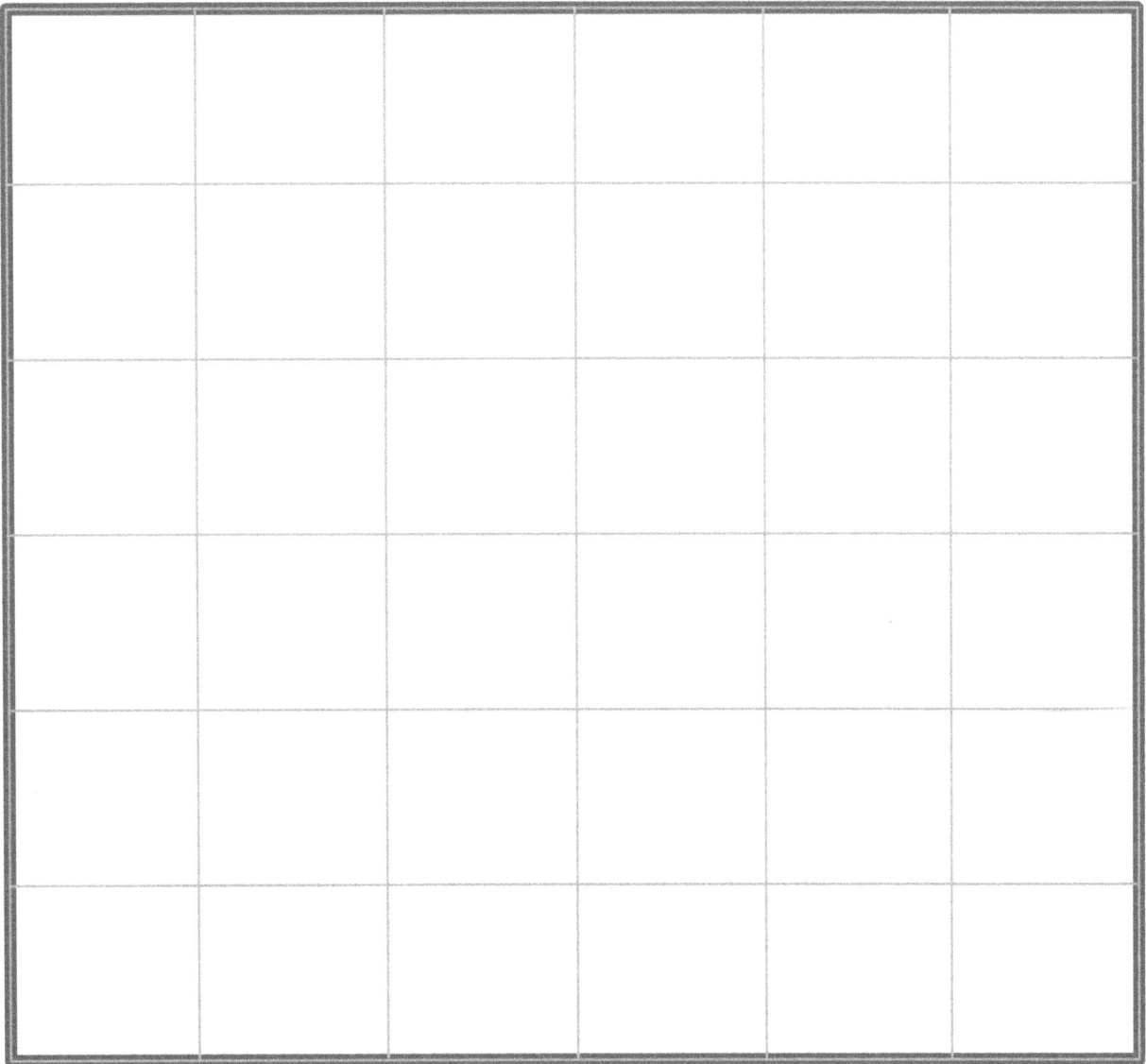

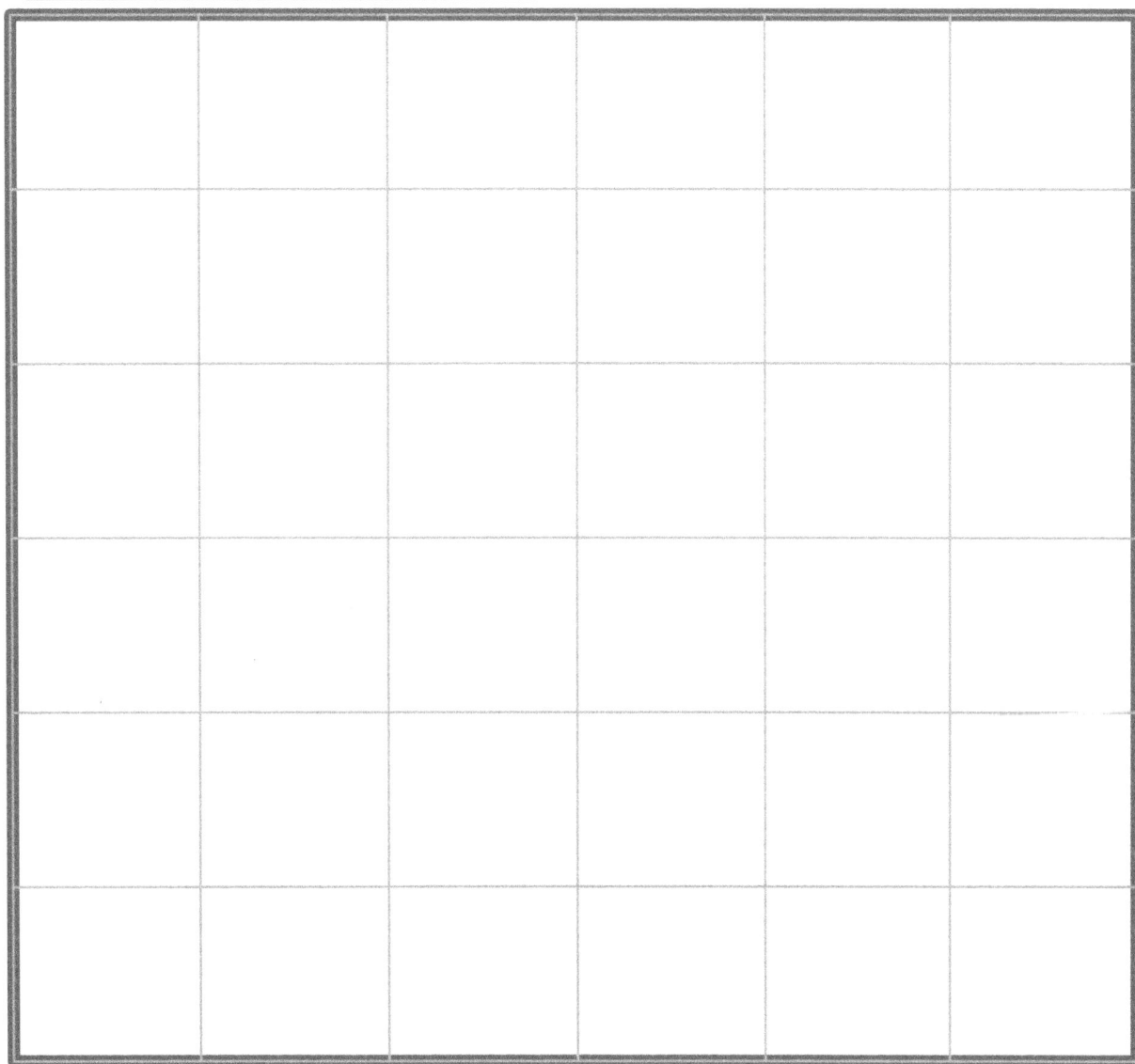

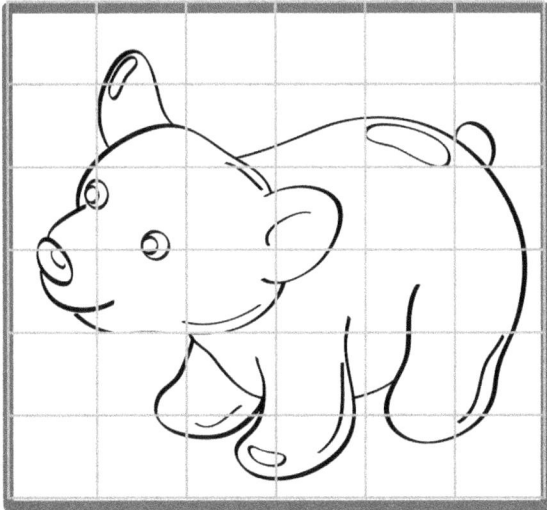

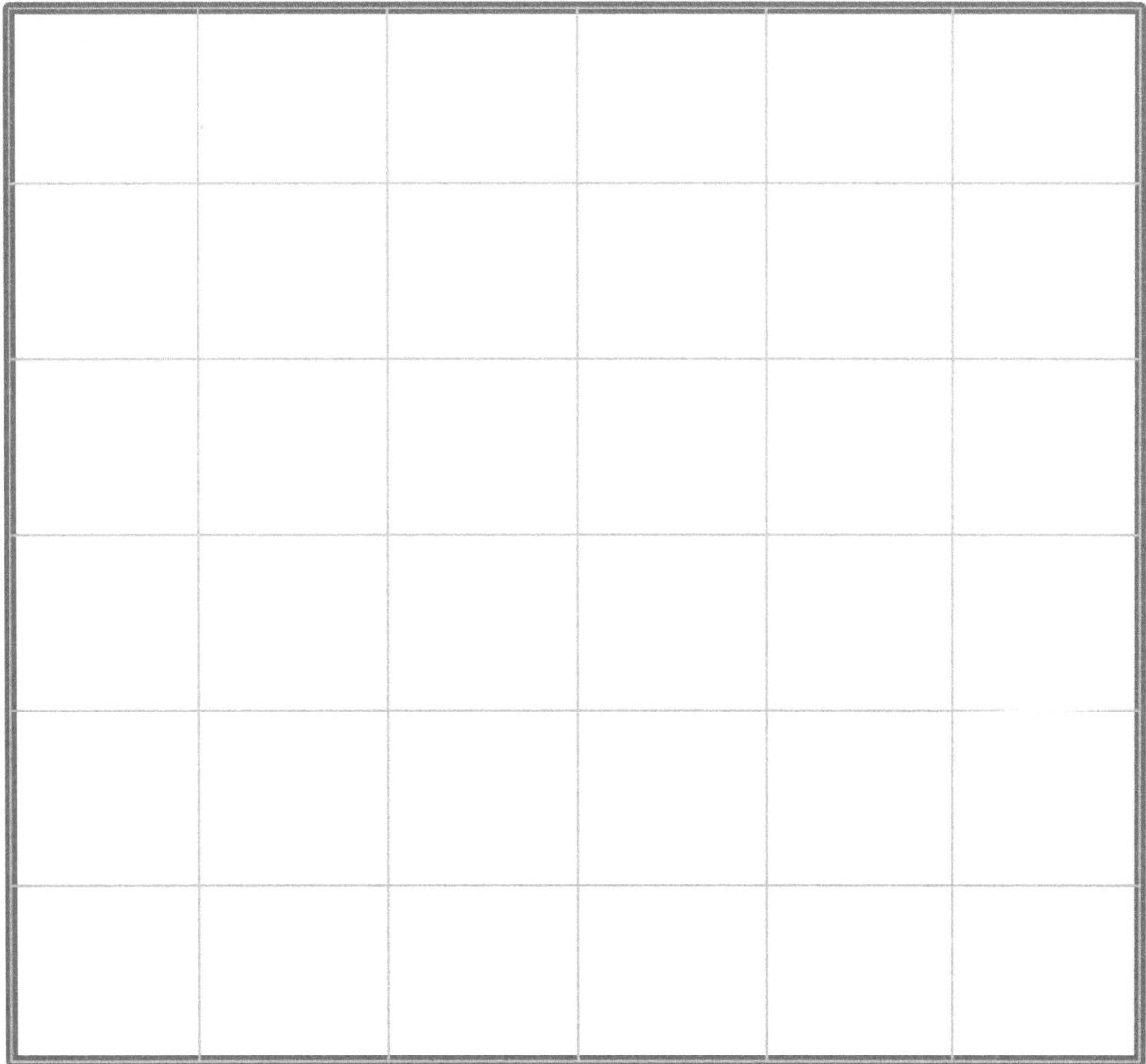

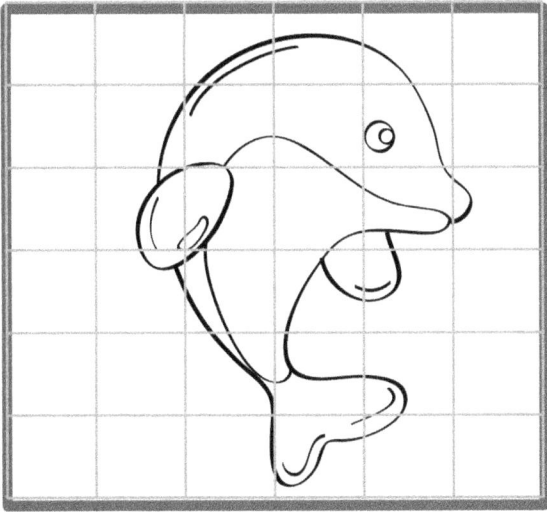

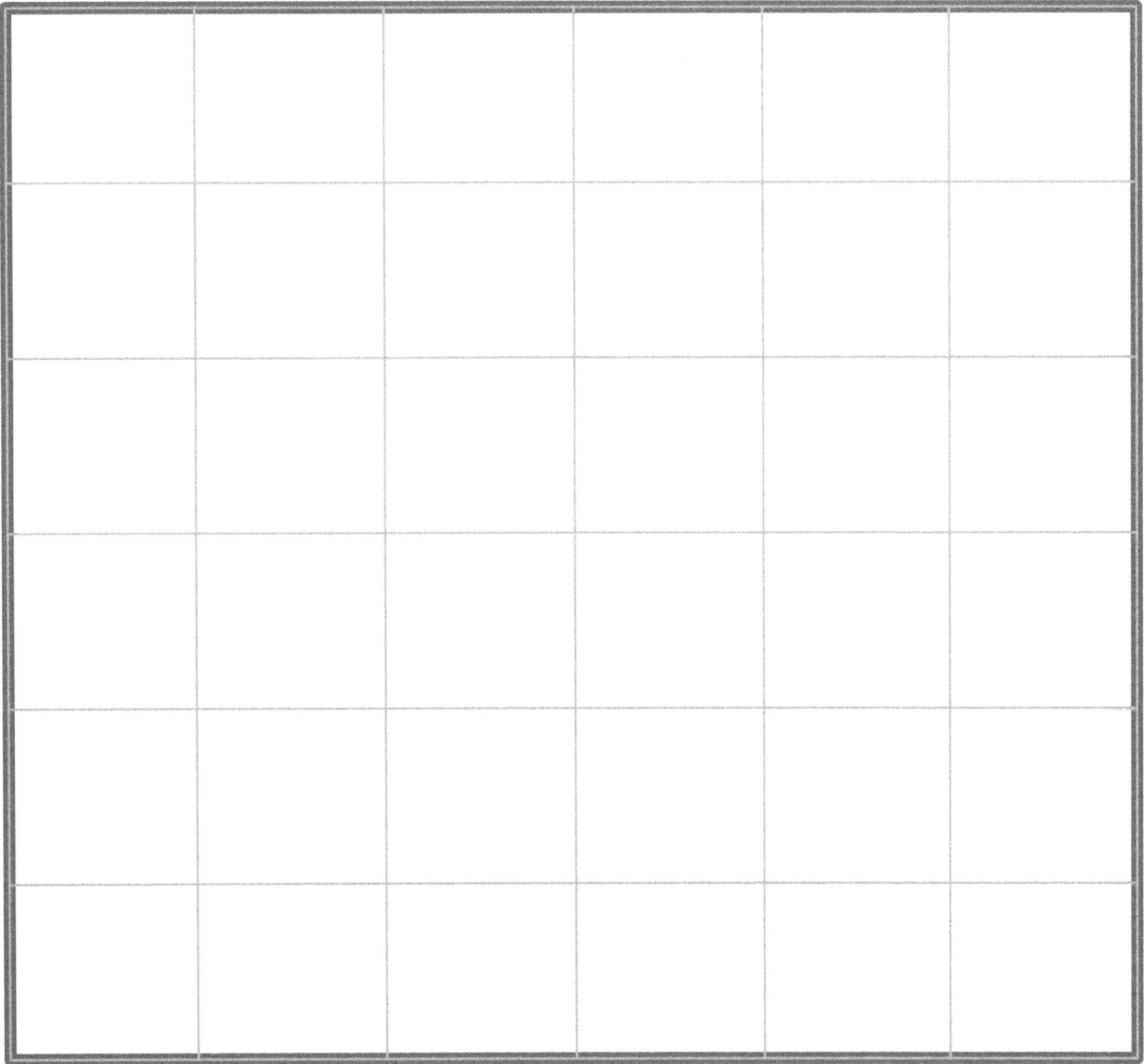

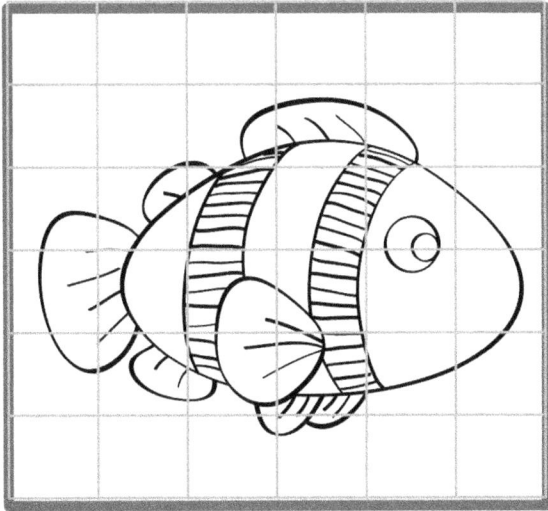

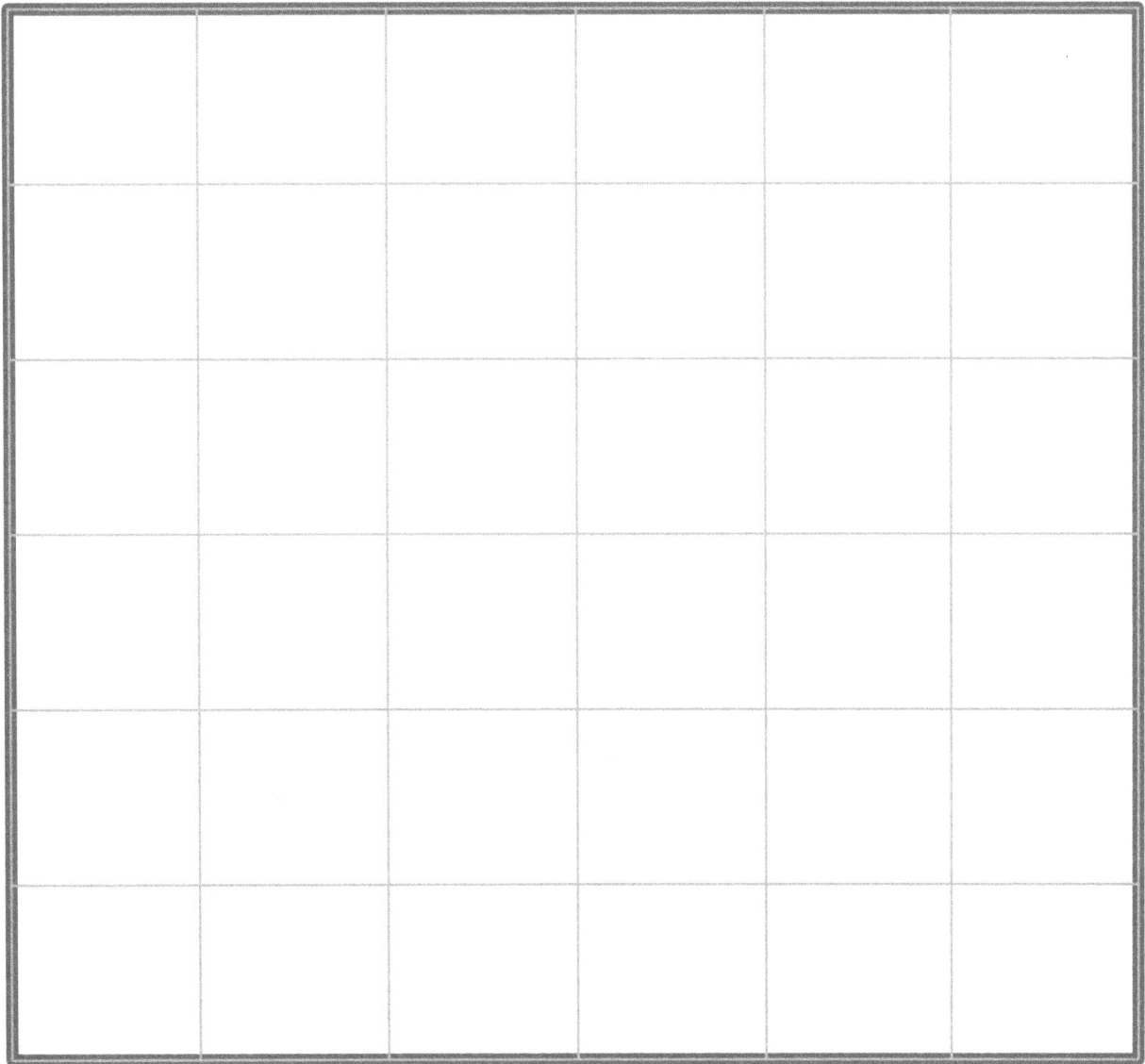

www.ingramcontent.com/pod-product-compliance
Lightning Source LLC
LaVergne TN
LVHW081334060426

835513LV00014B/1286